9Marks 建造健康教会

CHURCH ELDERS
长老职分

如何像耶稣一样
牧养神的百姓

杰拉米·莱尼（Jeramie Rinne） 著

梁曙东 译

Church Elders: How to Shepherd God's People Like Jesus

© 2014 by Jeramie Rinne

Published by Crossway

a publishing ministry of Good News Publishers

Wheaton, Illinois 60187, U.S.A.

This edition published by arrangement with Crossway.

All rights reserved.

长老职分：如何像耶稣一样牧养神的百姓

作者：杰拉米·莱尼（Jeramie Rinne）

翻译：梁曙东

校对：徐震宇

编辑：赵 然

出版：忠信福音出版社

网址：www.befaithful.net

ISBN：978-1-958708-73-6

电子书 ISBN：978-1-965805-22-0

除非特别说明，本书所有经文均引自和合本圣经。

领导力,正如其他圣灵的恩赐一样,目的是为了造就基督的身体。保罗清楚地对提多说,只有设立了合适的领袖教会的各项事情才会井井有条。教会生活中大部分悬而未决的问题都可以归咎于教会带领上的缺陷。杰来米·莱尼剖析了圣经对地方教会长老身份与工作的阐述,清新明了,极有助益。这本书可供长老们一起阅读,使他们获益;本书也能帮助会众为带领者祷告,支持他们,让他们的工作成为喜乐,而非重担。

——阿利斯泰·贝格(Alistair Begg),俄亥俄州克里夫兰市帕克塞教会主任牧师

莱尼证明,一本论述教会长老职分和侍奉的书,是可以写得既全面又简明的。这本书的价值何等之大!我发现本书不仅让人增广见识,也充满了对神的敬拜,帮助身为牧师的我爱耶稣,并进一步爱他的教会。我很难想到还有另外一本论述同样主题的书可以像本书一样如此容易与人分享。

——杰理德·威尔逊(Jared C. Wilson),佛蒙特州米德顿斯普林斯(Middletown Springs)社区教会牧师

你是否盼望看到,在你的教会中有一批数量不断增长、敬虔的成熟弟兄与全职牧师同工,参与牧养、教导、训练会

众，使人做主的门徒的工作呢？这本小书的圣经立场鲜明，充满智慧，热情洋溢，讲述教会侍奉和带领本质上美好的特征。无论你怎么看待应该如何设立、建立长老团队，或应如何称呼这些人，你都会在本书中找到很多可以挑战、鼓励和引导你的内容。

——**托尼·佩恩**（Tony Payne），马提亚事工出版主任；与人合著有《枝与架》（*The Trellis and the Vine*）一书

谨把本书献给南岸浸信会的众长老，
他们是我的兄弟连。

目 录

丛书前言	1
"我是一位长老了,接下来该怎么办?"(代序)	3
第一章 不要想当然	9
第二章 闻起来有羊的气味	27
第三章 用神的话语来喂养	45
第四章 把走散的人找回来	59
第五章 带领却不辖制	73
第六章 一同牧养	89
第七章 作成熟的表率	103
第八章 为群羊代求	117
结束语:牧养工作存到永远的重大意义	131
经文索引	135

丛书前言

你认为建造健康的教会是你的责任吗？如果你是个基督徒，这就是你的责任。

耶稣吩咐你建造门徒（参见太28:18-20）；犹大说要在至圣的道上建造自己（参见犹20-21）；彼得呼召你使用恩赐彼此服侍（参见彼前4:10）；保罗告诉你要用爱心说诚实话，帮助你的教会更加成熟（参见弗4:13、15）。你明白我们的想法从何而来了吗？

无论你是教会成员还是领袖，建造健康教会系列丛书都会帮助你完成圣经的吩咐，使你完成建造健康教会的托付。另一方面，我们也希望这些书能使你更爱你的教会，就像基督爱教会一样。

九标志计划依照健康教会的九个标志，为每一个标志写一本短小易读的书，同时还加上几本为纯正的教义、祷告和宣教所写的书。请密切关注我们关于解经式讲道、圣经神学、福音、归信、福音布道、教会成员制、教会纪律、门徒训练、教会带领的书籍。

地方教会当向全地彰显神的荣耀。我们借着注目基督耶稣的福音，信靠他的拯救，彼此相爱，在神的圣洁、合一和相爱中做成这一切。我们祷告，你手中的书会帮助你，给你盼望。

狄马可（Mark Dever）

约拿单·李曼（Jonathan Leeman）

丛书编辑

"我是一位长老了,接下来该怎么办?"

(代序)

许多牧师都能写一本书,书名就是《神学院没有教过我的教牧侍奉》。这本书很可能会有一些让人感觉痛楚、心情沉重的章节,例如"如何熬过场面难堪的同工会议"、"在三岁孩子的葬礼上该说些什么"等等。教牧侍奉涉及到形式各样的受苦、灰心和心碎,没有一间学校能预备学生来面对这一切。

但侍奉也给人带来惊喜。在神学院没有人告诉过我,我会爱上我的会众,我可以近距离亲眼目睹神的信实和福音的大能在人生命中动工。

也没有人提示过我,与平信徒长老同工会带来怎样的喜乐和满足。

我爱平信徒长老。① 对那些哪怕工作日程安排紧密,家

---

① 我说"平信徒"的时候,基本就是"志愿者"或"不受薪"的意思。我用这个说法,不是暗示一种神职人员与平信徒对立的区别。相反,本书的论点是,一位不受薪的长老和一位受薪的牧师发挥着同样的作用——即便会众选择付薪给后者,因为这样可以让他有更多的时间来做这项工作。

庭生活忙碌，但却愿意牺牲时间和金钱，付出流泪祷告的代价带领地方教会的长老，我充满敬佩。我喜欢看着他们一起争战，应对挑战，犯错误，在这个过程中成长。这就好像与十二门徒在一起：这些普通的、有缺陷的人，靠着神的恩典完成了一项非凡的使命。我教会中的长老，对我来说是真正的兄弟连，我无法想象，没有这些与我一同做牧者的人，侍奉会变成什么样子。

我喜爱长老还有另一个原因：他们是神的计划，目的是带领神的教会。神一直在为他的百姓供应牧者。他把摩西、撒母耳和众士师赐给以色列。他兴起以色列**优秀的**牧者大卫王。然而这些人，包括大卫，都在一方面或另一方面失败了。大卫之后的君王逐渐地将神的羊群带进偶像崇拜和不公义的罪中。因此，众先知开始讲到一位将要来到的牧者，一位新的"大卫"（例如赛9:1-7；结34:20-24）。

神成就了他的应许，差遣耶稣，那大卫的子孙，为羊舍命和复活的好牧人。但事情并没有就此结束。耶稣赐下使徒，然后赐下**长老**做他手下的牧者，看顾他的羊群，直到他再来（弗4:7-13；彼前5:1-4）。长老是耶稣的助手，牧养他的教会。

敬虔、善意，还有……困惑

虽然出于这些原因我爱长老，但我也留意到一个反复出现的问题。虽然通常情况下长老们敬虔且充满善意，但他们常常对于做长老意味着什么感到困惑。他们并不总能完全把握住他们所应**当做**的事。老实说，我们这些受薪牧师经常与他们一样感到困惑。

结果就是，长老倾向于把其他类型的带领模式引入到教会的督理中，通常就是那些根据自己亲身经历和职业所得出的模式。这些人看不到一种清晰、合乎圣经的长老职责说明，于是很自然就回头依靠他们所熟知的事。他们认定长老的工作就像：

- 管理一所学校
- 开公司
- 指挥军舰
- 项目管理
- 指导运作
- 监督分包商
- 在董事会任职

事实证明，虽然生活中所经历的这些方方面面在长老的带领中总会有所帮助，然而，督理一个教会却是一项独特的任务。

"我是一位长老了，接下来该怎么办？"

本书的目的，是为让长老看到一个简明、合乎圣经的长老职责说明。我要对长老的任务作一种简明易懂且鼓舞人心的概述，可以让一位新长老或将来可能担任长老的人知道，长老是怎样的人以及长老要做什么。我希望本书可以回答一位敬虔、善意之人所提出的这个问题："我是长老，接下来我该怎么办？"

但本书不仅是为现在担任长老，或渴望担任长老的人而写，也是为教会成员而写。全体会众需要明白神为地方教会制定的计划，包括他为教会带领所制定的计划。教会成员可能会像长老一样，对长老的工作职责感到困惑。

所以我向神祈求，愿本书能促进教会健康，让教会成员和教会领袖以圣经关于地方教会侍奉和带领的异象为中心，达致合一。我希望灵里昏睡、只是干坐在教会长凳上的基督徒男子汉们可以在读了这本书以后，经历苏醒，渴慕牧养他们的家庭和教会。最后，我祈求神使用这本小册子，改变一些弟兄的生命道路，呼召他们进入教牧事工，以此来作为他们的天职工作。

长老、监督和牧师

让我简要说明一下用词：我会交替使用**长老**和**监督**这两种说法，因为新约圣经也是这样交替使用的。[②]长老的职分是有两个称呼的同一份工作。

实际上是有三个称呼。我会在第二章论证说，**牧师**这个术语（如"牧者"）指的是与**长老**和**监督**相同的教会职位。根据圣经的说法，长老就是牧师，牧师就是监督。在地方教会生活中，我们通常把受薪的长老称为"牧师"，把不受薪的平信徒牧者称为"长老"或"监督"。

无论是长老还是牧者，监督还是牧师，受薪还是自愿，这都是同一份工作。**但这是一份怎样的工作呢？**长老在一个地方教会里应当做什么？耶稣对他手下的牧者发出的行军号令是什么？他们如何才能知道自己是否正在完成这个使命？

在回答这些问题之前，我们必须做一些更基础的事情。

---

② 请留意在下列经文中，**长老、监督、牧养**这些词汇是如何交替使用的：《使徒行传》20章17节、28节；《提多书》1章5至7节；《彼得前书》5章1至5节。

我们需要明白圣经对人担任长老所提出的任职要求。如果你正在考虑担任长老这一职分，那么你首要的任务就是要分辨自己是否已经做好了准备！

第一章

不要想当然

我十多岁就信了主,给我传福音的是内华达州拉斯维加斯城外一家小小的、由众长老忠心侍奉和带领的浸信会教会。26岁时,我成为了马萨诸塞州波士顿郊区一家小型浸信会教会的主任牧师(或者你也可以称为主任长老)。所以你可能会想当然地认为,我对长老到底是怎么一回事知道得一清二楚。但不管你信还是不信,我是在成为一位长老**之后**,才开始真正学习圣经中关于长老的教导。

我学习的时候,有两件事令我吃惊。首先,我对圣经说到长老的地方**如此之多**感到惊奇。几乎所有新约圣经的作者都论述了长老的事,有超过十几处的经文讲到了这个问题。我越来越清楚地认识到,像基督一样的长老并不是一个可有可无的教会特征,长老在神牧养他教会的计划中处于中心地位。我过去怎会竟然看不到这一点?

其次,圣经对长老职责的描述,以及为长老定下的任职资格,与我想当然认定的竟然**差别如此之大**,对此我深感震惊。我过去曾认为我有资格担任一位牧师和长老,因为我爱耶稣、有神学院的学位，讲道还相当不错。难道还需要更多条件吗？

也许你想当然地认为，你也应当可以成为一位长老，不过理由各异。也许你相信，你加入长老团队的时候已经到了，因为你一直是一位忠心的教会成员。你已经在宣教委员会任职两届，带领过家庭查经小组，甚至在教会找不到老师的时候你还教过二年级主日学。你已经做了你该做的事，现在是时候轮到你来参与带领了。

也许你理所当然地认定，因为你的慷慨奉献，你就可以加入长老团队。教会没有你写的那张支票，就不会在财政年度结束时还有盈余。奉献慷慨的人理当居于高位，有很大的发言权，这可是规矩。这样，你的教会也可以使用一位有一点点商业头脑的领袖。

也有可能你认为自己应该带领教会，因为你在教会以外也是做带领的工作。也许你管理着一家成功的公司，担任一家非营利机构的董事，主持一个部门的工作，指挥一支军队，或为一支运动队担任教练的工作。你的领导才能、经验和天赋，会让你成为一位理想的长老候选人，这样的推论是理所当然的。

但这些想法正确吗？

正如我在序言中所指出的，你第一个与长老有关的责任，就是要根据圣经所列出的长老任职资格，查验自己是否真的应当成为一位长老。不要想当然。就算你之前曾经做过长老，也要让神的话语来检验你的候选资格。

以下是从新约圣经中得出的关于长老任职的六个方面的资格。请带着祷告的心通读一遍，常常停下反思。邀请他人与你对话。让你的妻子、一些朋友或一位长老来看这一部分的内容，并问他们："我符合这些对任职资格的描述吗？"

当你具备以下条件时，你就知道自己已经具备了做长老的资格：

第一，你想要成为一位长老

在新约圣经一处对长老最详细的教导中，使徒保罗开门见山地说："'人若想要得监督的职分，就是羡慕善工。'这话是可信的。"（提前3:1）彼得则是这样说的："务要牧养在你们中间神的群羊，按着神旨意照管他们。不是出于勉强，乃是出于甘心。"（彼前5:2）

渴望、羡慕、甘心。你必须想要这个职分。忠心牧养对你的要求很高。如果你里面对这个角色并没有一种渴慕之心，你可能会因筋疲力尽而中途退出。当然这并不意味着，每一个想做长老的人都合乎资格，但它确实意味着，缺乏渴慕的心是一个问题。

在我的教会中有一个人，他实实在在是担任长老的材料。我们的提名团队邀请他担任长老的服侍。实际上，我们邀请了他三次。显然，第三次起了作用，因为他终于同意了。但当我与他有了更多的交谈，发现他明显缺乏一种强烈渴慕担任长老的愿望。他之所以同意服侍，部分原因在于之前他已经两次谢绝了这个邀请。最终，出于他对教会的责任感，迫使他同意了服侍，而这正是彼得警告要防备的问题。

他还告诉我，他的愿望是能把更多的时间从日程安排中抽出来，为的是向邻居和城里的人分享福音。我只能想象，如果他把自己投身于牧养群羊的事工，而他所盼望的却是出去把更多的人带到群羊当中，结果是他可能会有很大的挫败感。所以经过进一步的祷告，他改变了主意，充满勇气地第三次拒绝了提名。我们几乎把一位爱传福音的人误认为是一位长老。

虽然并非你所有的动机都是敬虔的，但你却必须要有一种内心的渴慕，希望自己成为一位长老。圣灵是否已经把一种敬虔的渴望放在了你的心中，让你愿意牧养地方教会？你的动力是什么？

第二，你体现出了敬虔的品格

你可能会想当然地认为，一位长老最重要的品格特征，就是要有技巧，能管理一家机构。虽然管理能力是担任教会监督的一部分，但新约圣经作者更为强调圣洁的品格。在耶稣手下做牧者的人，必须反映出耶稣的品格。一位领导才能平庸的敬虔长老，要比一位富有人格魅力，却有明显道德瑕疵的领袖来得更好。

请仔细阅读保罗所列出的两份监督资格的清单。这些美德应当像为一位长老量身订制的西装一样：

> 作监督的，必须无可指责，只作一个妇人的丈夫，有节制，自守，端正，乐意接待远人，善于教导，不因酒滋事、不打人，只要温和，不争竞、不贪财。（提前 3:2-3）

> 监督既是神的管家，必须无可指责，不任性、不暴躁、不因酒滋事、不打人、不贪无义之财；乐意接待远人，好善、庄重、公平、圣洁、自持。（多 1:7-8）

鉴于像基督一样的品格的重要性，让我们慢下来，更仔细地思想其中的一些品格。

无可指责。保罗在他的美德清单一开始就提出"无可指责"。这个描述并不意味着一位长老已经完全胜过了罪，过着一种在道德方面毫无瑕疵的生活。如果情况真是这样，教会就得开除他们的众长老了——所有的长老。一个无可指责的人，是指在像基督一样这方面所展现出的一种堪称典范的程度，没有明显的罪。"无可指责"近乎"端正"（提前3:2）、"公平"和"圣洁"（多1:8）。

安泰博（Thabiti Anyabwile）在论述长老资格的书中说得很好：

> "无可指责，这意味着一位长老应当是那种没有人会怀疑他行恶或不道德的人。人们若听到这种人受到控告做了这些事，就会感到非常震惊。"[1]

提名无可指责的人担任长老，可以增强会众对教会领袖的信任。另外，教会领袖无可指责，也可以捍卫教会对社区作的见证，因为正如保罗所说的："监督也必须在教外有好

---

[1] 安泰博《寻找忠心的长老和执事》（*Finding Faithful Elders and Deacons*, Wheaton, IL: Crossway, 2012.），57。中文版可参考九标志中文事工网站电子书，下载地址：https://cn.9marks.org/toolkit/ebook_findingfaithfuleldersanddeacons/

名声，恐怕被人毁谤，落在魔鬼的网罗里。"（提前3:7）

节制。按照保罗的描述，长老必须自我节制，头脑清醒，稳健和经受得住考验。节制是圣灵所结的果子（加5:23），是基督徒生活的一个标志。简而言之，一个被圣灵充满的人是一个有自我节制的人。

很有意思的是，保罗在两份清单中都对一种缺乏节制的具体表现提出了警告，就是酗酒。酗酒摧毁人的生活，让人更深陷罪中。我认识一个人，当他成为长老后就戒了酒。在喝酒的问题上，他希望自己无可指责，并且做与酗酒抗争的教会成员的榜样。虽然圣经并没有要求长老滴酒不沾，但他们却必须拥有像这位弟兄所展现出来的那样的自制力。

你是否隐藏着对酒精、毒品、色情或赌博的瘾症？你是否会在怒气、金钱消费、咒诅或传谣方面失控？你是否需要暂缓一段时间再担任长老，好让你可以专注于钉死一些习惯性的罪，培养节制？

温和。东非斯瓦希里人有一句著名的谚语："大象争斗，草被践踏。"同样，当一个教会的牧者好战，富有侵略性的时候，羊就受到伤害。所以保罗描述合格的长老"不打人，只要温和、不争竞"（提前3:3），"不任性、不暴躁"（多1:7）。以自我为中心，好辖制人，好争辩，咄咄逼人，态度生硬，头脑发热，一触即爆的监督会压垮教会成员。

相反，长老必须是极其温和的人。温和并不意味着软弱或胆怯。温和的长老带着牧者的温柔心肠和慈父的敏感来行使他们的权柄。我曾看过一个电视节目，一只乌龟爬到一头正在水边喝水的大象身旁。这头大象低下头，小心翼翼地用脚趾把这只乌龟移到一边，免得自己会在不经意间踩坏这只爬行动物。我非常惊奇地看到这个庞然大物竟会如此小心。同样，当人们感受到从一位教会领袖身上所散发出来的温和，他们也会感到惊奇。

你是温和还是行事粗暴？你是一位使人和睦的人，还是个煽动者？你是善于聆听，还是滔滔不绝地想要表明你自己的意见？在这些方面自己来衡量自己是困难的，请大胆请求一些富有洞察力的教会成员来对你做坦诚的评估。

不贪财。长老绝不可"贪财"。彼得说长老服侍必须"不是因为贪财，乃是出于乐意"（彼前 5:2）。这些话对那些利用服侍发财致富、过着奢华生活的牧师来说是扎心的责备。要警惕那些伤害羊群的牧羊人。

贪财不仅是受薪牧师的问题，要挣钱谋生的平信徒长老，可能也很难投入时间和精力来看顾会众。有时，贪财的平信徒长老或许会用他们的奉献来操纵教会。他们可能会控制教会的财务预算，让教会把资金用在自己所喜好的事工上。他们根据每月的财务报表来评估教会的健康与成功。当爱财的人带领教会，用在看顾穷人、植堂和在普世宣教方面的金钱就会枯竭。为什么要在这些事工上大量投资呢？这些事工并不能直接使这些贪婪长老的小地盘变得更兴旺。

你如何看待金钱？你是爱钱，为积累财富而活吗？还是你乐意向地方教会奉献，为传福音，以及满足他人的需要而奉献？你是否有十一奉献，还是只是做做样子？是一种献祭还是一种象征？你的奉献是否有附带条件？请认真察验自己，"贪财是万恶之根"（提前6:10）。

在我们读下去之前，请稍停片刻，思想耶稣。当宗教领袖控告耶稣与魔鬼结盟的时候，这样的控告不能成立，因为耶稣**无可指责**。当挥刀的彼得要给耶稣一个机会，不让人抓住他时，他依然保持**克制**，定意要成就他和父在十字架上所定的旨意。当与软弱、受到伤害、有病的人打交道时，他是**温和的**。当魔鬼提出要把世上的国都给他时，他并不**贪婪**。在所有的这些时刻，耶稣都是作为神完美的牧羊人来行事，也为今天教会中的长老树立了榜样。

第三，你能教导圣经

保罗说一位监督必须"**善于教导**"（提前3:2）。对于长老牧养的工作来说，教导圣经处在中心地位。我们会在第三章更详细地探讨教导的问题，现在我们只需反思这一点："我是否已经在用神的话语教导他人，并且取得了能观察到的果效？"

在过去的几年，我们教会的众长老一直在讨论潜在的长老人选。有时某人会提议一个人担任长老，此人已经信主多年，是忠心的教会成员。我们谈论这个人敬虔的品格，以及他幸福的婚姻生活。我们列出他所服侍的事工和委员会，意识到这个人已经投入了成百上千个小时的时间来自愿服侍。我们越谈论就越明显地看出，这个人应当成为一位长老。

然后有人问了一个问题："他能教导圣经吗？"

可以肯定，这里所讲的这个人已经以他敬虔的品格为榜样对我们进行了教导，但这并不是保罗要求长老善于教导时所要讲的意思。保罗指的是富有果效地用言语沟通来传递福音和圣经的教义。一位长老必须"坚守所教真实的道理，就能将纯正的教训劝化人，又能把争辨的人驳倒了"（多1:9）。

我们意识到在某些情形里，这位弟兄从未做过教导，甚至在小型聚会，例如家庭小组内也未曾做过教导。所以我们暂时搁置了对他的长老提名，准备在接下来跟进的谈话中与他探讨这个问题。

长老要像耶稣一样牧养群羊。正如耶稣带着权柄宣告神的话语，将来可能做长老的人，也必须要显明他们能够很好地教导圣经。

第四，你很好地带领了你的家庭

美国社会对公开与私下、工作与家庭之间的界限划分得非常清楚。我们根据一个人是否具有增加利润、完成公司目标的能力，而不是根据他/她个人生活的品质来评估一位商界领袖。这位领袖的家庭世界——儿女、婚姻、性生活——根本不关他人的事。

但在神的家中，一位长老的家庭生活意义重大。事实上，婚姻和教养儿女是评估一个人是否适合担任长老的验证平台。请思想，一个人对家庭的带领，使他在三个方面有资格带领教会。一位长老必须：

只作一个妇人的丈夫。 大多数英文圣经译本把保罗的这句话翻译成"只作一位妻子的丈夫"（提前3:2；多1:6），但一些译本把它译为"作一个女人的男人"。我们很难确切地知道该如何解释这个短语。[②]但至少，它传递了一个忠诚

---

② 看来这个短语不大可能是用来表明禁止一夫多妻，因为圣经用这个短语的反义语"只作一个丈夫的妻子"来描写有资格得到教会救济的寡妇（参见提前5:9），并且在希腊罗马世界，也绝不存在着一妻多夫的现象。排除了是指一夫多妻的可能，那么这个短语的意思必然就是：(1)按字面的意思理解，从未再婚，不管之前是离婚还是丧偶；或者(2)象征的说法，指的是"忠诚的配偶"。我倾向于后一种解释。更全面的探讨，可参见 George Knight III, *The Pastoral Epistles: A Commentary on the Greek Text* (Grand Rapids: Eerdmans, 1992), 157-58.

丈夫的观念，这位丈夫尊重神圣的婚约。

你是否一直在性关系方面对妻子忠诚？你有没有经常浏览色情网站？你离过婚吗？此刻你和你的配偶关系如何？没有人过着一种像童话般没有摩擦的婚姻生活，但如果你的婚姻生活步履维艰（或更糟糕），又或者有过失败的婚姻，你就应当首先与一些有智慧的长老和牧师谈谈，然后再寻求担任长老的职分。如果你要看顾基督的新妇，那么如何对待自己的配偶就非常的重要。

要求一位长老必须"只作一个妇人的丈夫"，这是否会让未婚的弟兄失去担任长老的资格呢？鉴于保罗在其他地方对单身服侍好处的清晰阐述，以及他自己就是一位未婚使徒的例子（参见林前7:7、25-28），看来单身本身并不应拦阻一个人担任监督的职分。虽然如此，但如果你尚未结婚，请你自问："我是否保持了性方面的纯洁？我在恋爱关系中是否无可指责？"

一位管理有效的父亲：对长老而言，管理技能**确实**重要。监督应当具备领导能力，"监督"这个称谓已经暗示了这一点。但我们通常是将"管理"与雇员、政策、金融和战略计划联系在一起的。保罗想到的却是一种不同的管理渠道：儿女和家庭。

一位长老要能够"好好管理自己的家，使儿女凡事端

庄、顺服。人若不知道管理自己的家，焉能照管神的教会呢？"（提前3:4-5）

你能看出做父亲和做长老之间的相似之处吗？在这两者中，男人都承担起了领导的角色。在这两者中，他都背负着首要的责任，帮助在他看顾之下的人成长，一同在和谐的关系中生活。教养儿女和担任长老，都是在做引导人在群体中迈向成熟的工作。你要首先牧养你自己的家，以此来学习牧养神的家。

你的儿女表现良好还是失控？你在家里是否教导你的儿女学习神的话语和福音？还是你的儿女会因你过分的严厉或参与不足而生气（参见弗6:4）？你的家庭氛围主要是滋养和有序，还是充满荼毒和混乱？

这一段经文是否把没有儿女的弟兄排除在外，使他们不能担任长老职分？不，在原则上并非如此。然而，如果一位已婚男性为了享受某种生活方式而拒绝生儿育女，好使儿女不会妨碍他，我们就应该担心了。是否对世界的爱拦阻了他顺服"生养众多"这项基本的婚姻命令（参见创1:28）？但如果一个人出于自己无法控制的原因而没有儿女，他就应在生活的别处表现出他能在门徒培训方面生养众多。原则就是：应当提名已经参与到有效牧养工作中的人来担任牧者。

乐意接待远人。保罗两次命令监督要"乐意接待远人"

（提前3:2；多1:8）。

乐意接待远人，能彰显出对穷人、失丧的人和孤独之人的仁慈、怜悯和看顾。所有这些资格都是一位长老所应当具备的。但乐意接待远人还有其他的作用：允许他人来看你的家庭是如何实际运作的。

当他人到你家吃饭的时候，他们会看到什么？当然，他们看到的并不是一个毫无瑕疵的家庭。但你的客人是否能察觉出，你和妻子说话的语气和身体语言信号带着暖意和互相尊重？你和儿女之间是否也是这样？他们是否看到儿女顺服你，你的孩子不顺服时，你是否做出了合宜的回应？如果你的家是一个教会，来吃饭的客人是否愿意再次拜访？

第五，你是一位男性

讲到现在，事情应当很明显了，但请让我明确地说：神呼召了男性，并且只有男性才能担任教会长老。[3] 请思考一些观察：

---

[3] 我意识到这是一个极富争议的问题，不幸的是，我只能简要地指出一些支持我观点的论点。请参考古德恩的这本著作：Wayne Grudem, *Evangelical Feminism and Biblical Truth: An Analysis of More than 100 Disputed Questions* (Colorado Springs, CO: Multnomah, 2004)，这本书详细地分析了相关的经文和问题。

- 正如我们已经看到的那样，保罗在不同的上下文中两次说过，一位监督必须只作一个妇人的丈夫。
- 在讨论监督之前，保罗就说过："我不许女人讲道，也不许她辖管男人。"（提前2:12）从直接的上下文来看，这节经文至少必须适用在监督的角色上，而监督的角色在根本上是通过教导和行使权柄体现出来的。
- 保罗把带领教会与带领家庭联系在了一起。正如神已经呼召男性在婚姻和教养儿女方面做带领（参见弗5:22–6:4），同样他呼召男人在教会这个家庭中做带领。

这是否意味着妇女绝不可做教导或牧养的工作，绝不可做直面挑战罪，或敬虔的榜样？当然不是。你可能会想到神已经怎样使用了敬虔的妇女来牧养和塑造你，就像我一样。但长老的职分不仅是一种恩赐，还是一种事工。**长老**描述的是一个具体的职分，由神所命定的角色，在一个地方教会组织结构中是一个独特的位置，正如**父亲**处在独特的、神所指定的家庭中的位置上一样。就像父亲的角色一样，神有至高的主权呼召有资格的**男性**来担任长老。

第六，你是一个坚定的信徒

保罗警告说，不要让刚刚信主的基督徒担任长老："初入教的不可作监督，恐怕他自高自大，就落在魔鬼所受的刑

罚里。"（提前3:6）

有时刚刚得救的基督徒让我们惊奇不已，他们在灵里充满热情，改变迅速，传福音时毫无惧怕。但要慢慢来，不要让这一位刚刚信主、充满活力的基督徒很快担任长老职分。在他前面有极大的成长空间和考验。**长老**一词意味着智慧和经验，这是一位刚刚信主的人所缺乏的。

如果你是一个最近悔改归主的人，请把你的关注放在更深地在基督里扎根这件事情上。警惕灵里的骄傲，事实上，让我们退一步，以确保你是真正悔改归主了。不要想当然！你是否已经为你的罪悔改，并信靠耶稣赦免你的罪？你是否相信唯有耶稣的死和复活能救你脱离地狱，使你与神和好？你重生了吗？没有什么比设立未悔改归主的牧师和长老更能毁坏教会了。一个人如果连基督徒都不是，又如何能担任耶稣手下的牧者，反映出耶稣的品格？

我们教会在年度会议上选举长老。在大会上我们邀请长老候选人讲述他们是如何悔改并相信耶稣的。被提名的人常常是我们已经认识多年，或之前曾作为长老服侍过的人。但教会需要再次听到这些人承认对耶稣的信仰。我不能确定我们教会是在什么时候开始这种做法的，但我希望我们永远不要停止。

这个人是你吗？

我要你现在就做一件事。在进入下一章之前，我想要你读一下《提摩太前书》3章1至7节。请大声读出来。我是非常认真的。如果有需要，你可以去一个僻静的地方，大声地把这段经文读出来：

> "人若想要得监督的职分，就是羡慕善工。"这话是可信的。作监督的，必须无可指责，只作一个妇人的丈夫，有节制，自守，端正，乐意接待远人，善于教导，不因酒滋事、不打人，只要温和，不争竞、不贪财，好好管理自己的家，使儿女凡事端庄、顺服。人若不知道管理自己的家，焉能照管神的教会呢？初入教的不可作监督，恐怕他自高自大，就落在魔鬼所受的刑罚里。监督也必须在教外有好名声，恐怕被人毁谤，落在魔鬼的网罗里。

这就是我当时接受察验，准备按立进入教牧侍奉时，一个人要求我做的事。于是我打开圣经，对那个人和房间中的其他人大声朗读了《提摩太前书》3章1至7节。我读完后，这个人对我说："谢谢你读了这一段经文。我只有一个问题：这个人是你吗？"然后他就坐下了。

如果我们想要带领耶稣的教会，我们就必须像耶稣一样，他体现出了所有这些特征。在即将成为耶稣手下的牧者之人的生命品格中，羊应当能察觉到那位牧长明显的特征。所以，基于你刚刚读过的对长老的描述，我是否可以问你，"这个人是你吗？"

第二章

闻起来有羊的气味

"这个教会就像是你的生意，你负责销售，而神就是销售的产品。"在聚会结束后，当我们站在门厅里，一位首次来教会的人对我说了这番话。（我觉得要是能把在讲道之后，在大厅后面与人进行的所有这些古怪谈话都记录下来就好了！）

我回答说："不是的，其实并不是这样的。"

这个人只是试图根据他自己的经验来理解教会。他显然对商界和销售比较熟悉，所以他尝试根据他所知道的来解释教会。

不幸的是，并非只有刚刚来教会的新人才会犯这种错误。牧师、长老和会众常常从商界和组织的角度来错误地解释教会。

当然，教会也有商业的一面。教会常常使用财务人员和预算，有雇员和人事政策、设施和保险，工作流程表和目标，章程和委员会。这些都是会众生活的一部分，需要为神荣耀的缘故而好好地加以管理。一个地方教会是一个有组织的有机体。

但是当这些像商业一样的元素成为为会众制订的综合商业模式的一部分，而会众又忽略圣经的教导时，问题就出现了。情况看起来可能会是这样：

- 牧师 = 总裁/CEO
- 同工 = 副总裁
- 会众 = 股东/老客户
- 访客 = 潜在客户

长老们的角色又是怎样的呢？
- 长老会 = 董事会

按照这种模式，长老的工作职责与董事会成员的工作性质相似。他们雇请牧师来做带领侍奉的工作，然后长老们开董事会，评估事工，审查财务状况，制定政策。牧师提出新的动议，长老们批准或拒绝。牧师开展事工，长老们指挥。

但这种长老模式没有结合一个关键性的圣经真理：长老也是牧师。

长老 = 牧师

不知不觉我们已经在牧师和长老之间做了区别，在受薪的事工专业人士和非受薪董事之间做了区别。但新约圣经并没有做这样的区别。

到底什么是牧师？希腊文"poimen"一词，我们把它翻译为"牧师"，意思是"牧羊人"。"poimen"可以指按字面意思理解的牧羊人，就像《路加福音》讲述圣诞故事时那些在田野里的牧羊人。但更多时候，"poimen"指的是耶稣，我们的好牧人。还有一个与之相关的动词"poimaino"，意思是"进行牧养"或"看顾羊群"。所以一位牧师是一个牧羊人，牧养意味着看顾羊群。那么英文"牧师"（pastor）一词源自于拉丁文"pastor"，意思就是牧羊人，也就不会令人感到惊奇了！

这部分至关重要：新约圣经将"牧羊人"这些名词和动词的形式，以及更广泛的牧养意象，用来描述**长老和他们的工作**。请看下列经文，我已经用斜体标示出原文是"poimaino"和"poimen"的部分。

保罗警告以弗所教会的长老说：

> 圣灵立你们作全群的监督，你们就当为自己谨慎，也为全群谨慎，**牧养**神的教会，就是他用自己血所买来的。（徒 20:28）

类似地,彼得写道:

> 我这作长老、作基督受苦的见证、同享后来所要显现之荣耀的,劝你们中间与我同作长老的人,务要**牧养**在你们中间神的群羊,按着神旨意照管他们。不是出于勉强,乃是出于甘心;也不是因为贪财,乃是出于乐意;也不是辖制所托付你们的,乃是作群羊的榜样。到了**牧长**显现的时候,你们必得那永不衰残的荣耀冠冕。(彼前 5:1-4)

彼得的话让人想起耶稣复活后对他说的话:"你喂养我的小羊"和"你**牧养**我的羊"。(约21:15、16)

被耶稣作为恩赐,赐给他教会的教会职分又有哪些呢?保罗列举出有使徒、先知、传福音的,然后是"**牧师**和教师"。希腊文的文法很清楚地表明,这里的"牧师"和"教师"是并列的,描述的是同一个职分或角色。因此,教会的牧师或牧者,也是教会的教师。正如我们已经看到的,教导是长老职分的核心工作。

货真价实

我有一位朋友曾担任平信徒长老,他对我说:"做一位长老，其中最难的一件事，就是相信自己是一名**真正的牧师**。"但圣经讲得再清楚不过了。如果你在你的教会中担任长老，你就是一名真正的牧师，就像受薪的牧师一样。

也许你还心存疑惑。那些"特别的"人，作为受薪牧师而服侍，这是他们的职业；还有那些"一般的"人，有其他的工作，但自愿担任长老。他们之间难道没有任何区别吗？是的，有区别。例如，受薪牧师常常受过更多正式的神学教育，在一周中有更多的时间来服侍，因此在牧养、教会侍奉和教导方面更有经验。也有可能（虽然情况不一定就是这样），受薪的牧师在牧养或传道方面更有恩赐，这也是教会聘请他们全时间服侍的原因。

对于一位受薪牧师来说，他可能更容易随传随到，他接受了更多的教育，或更有恩赐，但按逻辑（或按圣经）来说，这些却并不必然意味着一位平信徒长老不是一位真正的牧师。志愿消防员和受薪消防员一样面对着同样的火焰，身为自愿者的长老和担任职员的牧师面对着同样的牧养挑战。平信徒长老可能将职业牧师尊为"同侪中的首位"，①但平信徒长老与牧师之间依然是彼此平等的同侪。

---

① 关于这个概念更有益的讨论，请参见 Alexander Strauch, *Biblical Eldership: An Urgent Call to Restore Biblical Church Leadership* (Littleton, CO: Lewis and Roth, 1995), 45–50.

革命性的模式

鉴于这一切,如果我们要概括一位长老的工作职责,可以简单地说:"牧养群羊"。如果你读了本书之后只记得一件事,那么就请你记住,长老是牧师/牧羊人,他们核心的工作,就是看顾教会成员,就像牧羊人看顾他们的羊一样。更准确地说,长老是在那位好牧人的手下担任牧者,带领他的羊,以此来服侍他。

那么,"牧养"涉及到什么呢?在实际行动中是怎样的呢?以下各章我们将要探讨牧养的不同层面,例如教导、带领和祷告。

但在我们考察牧养任务"如何做"的实际问题之前,我们需要探索长老就是牧者这个模式带来的两个最大的意义。真正坚信长老就是牧师,而不仅仅是非营利机构的董事,这至少可以在两大方面革命性地改变我们的长老侍奉。

闻起来有羊的气味

长老就是牧师这个模式所带来的第一个革命性的含义,就是长老要**与教会成员建立关系**。

稍停片刻,想象一下一位实际的牧羊人。也许你曾亲眼见过,或在电影里见过一位牧羊人在乡下是怎样干活的。

第二章 闻起来有羊的气味

也许你从未见过牧羊人，但在圣经中已经读了很多关于牧羊人的描写，你能在头脑里描绘出一幅画面。你看到了什么？你是否能想象出一位爱尔兰农夫领着他的羊群走过青翠的草地？也许你想象着一位穿着长袍的贝都因人，口里发着"嘘"声，用杖把一头羊羔赶进临时用石头搭建的羊圈中。或者你可以背诵《诗篇》23篇，想象一位牧者让羊躺卧在青草地上，在可安歇的水边畅饮。

不管我们每一个人如何想象，我们头脑里的画面很可能至少有一个共同点。在所有的画面中，牧羊人都在羊群**当中**。他并没有离开羊群去了别的地方。他行走在羊群当中，接触它们，对它们说话。他了解它们，因为他与它们生活在一起。结果，他身上闻起来甚至有羊的气味。

也许，我们不必在脑海里想象实际的牧羊人，只需要想一想耶稣。我们在福音书中发现，耶稣总是在人群**当中**。除了私下祷告的时间外，耶稣似乎把所有的时间都花在了众人和门徒身上。无论走到哪里，他都接触、教导、训练人们。这位好牧人不仅为羊舍命，而且还与他们一同度过了他的一生。

正如实际的牧羊人生活在他们的羊群当中，认识他们的羊，正如耶稣让自己沉浸在与门徒的关系中，同样，长老也与教会成员分享他们自己的生命。他们将人看作是自己的事工。接下来的几章将讲述长老职分的各种组成部分，但所有这一切都是以长老与弟兄姊妹生活在亲密的关系中为基础的。

让我们现在来看一个例子：乐意接待人。就像我们在上一章中所看到的，保罗列出的两份监督资格清单都要求，羡慕这职分的人必须乐意接待人（参见提前3:2；多1:8）。为什么要强调乐意接待人？乐意接待人，不仅体现出这个人有慷慨的内心和仆人的态度，也表明这位渴望做监督的人想要与人在一起，想方设法欢迎他人进入他的生活。一个乐意接待的人，如果教会设立他担任长老，他很有可能会期望自己融入他人的生活。

与之形成对比的是，按照长老是董事会成员这种模式运作的监督，并不需要与他人在一起。他们可以参加每月的例会，参与会议辩论、投票，然后回家，并且觉得自己已经尽责。当这种模式占据主导地位时，长老并不需要脚踏实地地纠结于该与一位因十四个月找不到工作而灰心丧气的教会成员说些什么，或与一位在与试探争战、重新吸食海洛因的弟兄说些什么，或与一位已经和一个不信的人建立紧密的约会关系而看不到这有任何问题的姊妹说些什么。长老们会想："我们不是已经聘请了一位牧师来处理这些麻烦事了吗？"

你可能确实呼召了一位牧师,他心想着要肩负起这一切的责任。但如果你是一位平信徒长老,现在是时候与受薪职员一起步入到羊群当中,做一些亲自动手、用心摆上的牧养工作了。

这份工作,你找错人了!

这种关于人和工作的事,听起来是不是让你感到害怕?

也许你在想:"我不善于和人打交道,我更善于和数字、电脑或电动工具打交道。我是一个内向的人。我做过人格测试,证明了这一点。老实说,我是一个很古怪的人。"

你并不需要成为一个外向的人,或喜欢开派对的人才能与你的教会成员建立联系。你只需要爱他们。采取主动,在开始聚会之前,与那位安静不出声的年老寡妇打开话匣子;邀请一对有挣扎的夫妇来你家里吃饭;或举办查经聚会,邀请一些与他人关系不太密切的成员参加。如果人们看到真正的爱和关心,他们是知道的,哪怕这一切带着羞涩,或包装得有一点尴尬。爱能跃过各种各样的障碍。

也许讲到在教会成员中开展教牧事工时,你心里有另一种犹豫。也许你害怕插手别人的问题,然后无法抽身,尝试帮助,却因做法不当而让事情变得更糟。你并没有辅导专业的学位，也没有接受过神学院的培训。你是谁，竟要开始扮演牧师的角色？

让我把话讲清楚，我并不是在暗示，任何只要是羡慕做长老的人都是合乎资格的。我说的是，合乎资格的人，不应惧怕无法解决会众生活中的各样挣扎，而不必要地让自己失去资格。

关于看顾面对重大难题的会众，以下是我一些简单的想法：

- 神在他的话语中设立了长老，他知道自己在做什么。
- 耶稣能通过你做工。
- 牧养工作首要的并不是解决人所面对的问题（我在后面会更多地说明这一点）。
- 你可能有超过自己所以为的合乎圣经的智慧，可以来与他人分享。
- 你总是可以向耶稣和他人求助。

慢慢过渡

大约30年前，我所服侍的那家浸信会教会，呼召了一位长老会人士担任教会的主任牧师。他是一位在释经讲道方面很有恩赐的人，吸引了大批听众，使用福音影响了许多人的生命。但他还做了别的事，在他离开教会多年后，仍继续祝福着我们的教会：他带领我们的会众采用了一种长老治理的模式。

我来这家教会的时候，已经有任职超过十年的长老。但随着我们更认真地学习圣经对长老资格的教导，情况就变得很清楚了：我们的这些长老失去了平衡。我们把主要的精力用在了像机构董事一样的工作上，而用在牧养人方面的精力却少得多。所以我们开始慢慢地转变，把更多的关注放在牧养上。我们仍然每月开会，仍然做董事会做的那些事。再说一次，这也是长老角色和教会生活的一部分，但我们也一直在尝试把更多的时间投入在教会成员的身上。

例如，在一年多之前，我们这些长老们分工，按照人数日益增多的教会成员名单，每个人负责一些，并定下目标，一年之内至少与我们名单上的每个成员联系一次。这是小小的一步，几乎是补救的做法。但即使这小小的一步，也立刻产生了果效。教会成员的反应不仅是赞赏，并且他们也变得更愿意对长老们敞开他们的生命。长老们发现这种教牧侍奉充满了挑战，但也带来了极大的恩赐。另外，这样我就有了一个更大的团队，来帮助我背负一个不断增长的教会重担，于是我就得到了释放。

我们要走的路还很漫长,但我们的长老们闻起来越来越有羊的气味了。

目标是什么?

让我们来回顾一下:长老是牧师,或"牧者"。牧养的比喻对长老的事工有着重大的意义。首先,这提醒我们,长老的工作首要的是与教会成员建立关系。做长老的工作,更多的是关注人,而不是项目。

但牧养的画面不仅告诉我们长老的工作应在**哪里**进行(就是在各样的关系中),也告诉我们**为什么**要这样工作。长老为什么要与教会成员在一起,与他们分享生命?他们努力要做成什么事?这样做的目的仅仅是为了给教会一种更友善,更像家庭的氛围吗?

这是牧养模式第二个革命性的含义:长老服侍的目标,就是为了**让教会成员成长为成熟的基督徒**。

请再次在你的头脑中描绘出牧羊人的画面。想象他正在羊群中做他每天的工作:喂养群羊,带领它们走过山谷,保护它们免受野兽攻击,照料羊受感染的腿部,或者找寻一头迷失的母羊。牧羊人为什么要做这些事?他的目的或目标是什么?就是让羊能够成熟起来。牧羊人日复一日地劳苦工作，为的是培养出健康、成熟，能繁育后代的羊。

长老们岂不是也有类似的目标吗？长老努力与教会成员建立关系，为的是帮助他们在耶稣里成长。监督教导、祷告和服侍，好使他们的弟兄姊妹可以更亲密地认识耶稣，更忠心地顺服他，无论是作为个体，还是作为教会家庭，更清晰地反映出他的品格。此外，健康、成熟的信徒在与他人分享福音，帮助他人在基督里有长进时，自己也在灵命方面自我繁殖。

保罗明确地指出，成熟是教牧侍奉的目标：

> 他所赐的有使徒，有先知，有传福音的，有牧师和教师。为要成全圣徒，各尽其职，建立基督的身体，直等到我们众人在真道上同归于一，认识神的儿子，得以长大成人，满有基督长成的身量。（弗4:11–13）

长老忠心尽本分时，信徒就"不再作小孩子"，而是"凡事长进，连于元首基督"（14–15节）。长老们应努力与保罗一道说："我们传扬他，是用诸般的智慧劝戒各人、教导各人，要把各人在基督里完完全全地引到神面前。"（西1:28）

管理机器

请再一次将这种牧养心态与长老是董事的模式作对比。当长老看他们自己首要工作是董事会成员时,他们就会把自己的事工目标看作是管理教会组织方面的元素。"成功"很可能意味着保持收支有盈余、设施得到维护,或举办高质量、有许多人参与的项目和活动。作为董事的长老会受到一种试探,就是强调管理机器的运作多于让教会成员变得成熟。

我们已经注意到,一个教会的组织架构——预算、流程、项目、设施和人员——**确实**很重要。有效的行政管理是一种侍奉,本身就是一种属灵的恩赐,能服侍全教会这个身体,解放长老去进行牧养。稍微考虑一下组织方面的问题,就让旧约圣经中的摩西得到了能力,新约圣经中的使徒得以成就神对他们的呼召,神的百姓因此得到了祝福(参见出18:13-27;徒6:1-7)。长老既是注重关系的牧者,同时也肩负着监管教会组织架构的总体责任。

但关键在于:组织必须始终服务于有机体。项目和流程,充其量只是提供了工具,成就让彼此在基督里成熟的使命。

我的经验是,长老很容易会被机器和葡萄架,而不是成员和葡萄树所吸引，②他们会将更多的谈论和关注放在微调后勤的工作上，而不是努力地培养会众。我并不完全知道情况为什么会这样，也许这是因为项目和政策是可管理的事，可以计划安排和实现，而帮助人在基督里成长的工作是艰难的、非线性的和过程缓慢的。事实上，牧养人这一项任务，是我们今生绝不可能完全成就，也无法加以控制的。

长老必须抵制变成仅仅是组织管理者的趋势，而是要让教会的指南针总是指向在耶稣里的成熟。为了协助你做到这一点，在你下一次开长老会议时，在会议议题上提一两个这样的问题来供大家讨论：

- 我们的会众在哪些方面最能反映出耶稣？在哪些方面我们并不能反映出他？
- 教会中是否有尚未得以解决的冲突，是我们这些长老能努力尝试去促成和解的？
- 我们是否知道有任何教会成员步入歧途公然犯罪，或只是走上偏路离开了教会固定的团契相交？有谁正在

---

② 见 Colin Marshall and Tony Payne, *The Trellis and the Vine: The Ministry Mind-Shift That Changes Everything* (Kingsford, NSW, Australia: Matthias Media, 2009). 中译本参考：《枝与架》，由马提亚事工2009年出版。

和他们谈这些问题?
- 在未来的一年里,我们的教会成员需要学习哪些圣经书卷或神学教义?为什么?
- 我们的教会成员是否知道该如何传福音,以及对他人进行门徒培训?他们是否正在做这样的事?
- 我们是一个祷告的教会吗?

把接力棒传递下去

耶稣离开世界升天的时候,向跟从他的人发出了最后的这些指示:

> 所以,你们要去,使万民作我的门徒,奉父、子、圣灵的名给他们施洗。凡我所吩咐你们的,都教训他们遵守。(太 28:19-20)

耶稣让门徒去做他在过去几年一直与他们在做的事。他曾召聚门徒,把他们分别出来,教训他们遵守他的诫命,以此使他们成长。这位好牧人不仅为这些羊舍命,而且住在他们中间,叫他们回转。耶稣使人做门徒,就是那些爱他、顺服他,并把他的事告诉他人的人。

现在耶稣差遣这些门徒出去,让他们使其他人做门徒。众使徒要接过耶稣牧养的接力棒,呼召更多的人来跟从基督,召聚他们进入教会,通过教导帮助他们成长。

众使徒建立起这些由门徒组成的地方教会后,他们也把建立关系、注重成熟的牧养工作的接力棒传递了下去。他们把这接力棒传给了谁?

就是教会的长老!

第三章

用神的话语来喂养

我想当时长老们非常震惊。

我们正聚集在一起，召开每年一度的长老退修会，讨论来年的目标，以及回顾圣经对监督工作性质的教导。当谈到教导这个主题时，我提出了一个挑战："在今年的某个时候，我想让两位长老在星期日早上的聚会中讲道。"

虽然在一些教会里是平信徒长老讲道，但我们教会一直以来会把星期天早上的讲道留给受薪牧师。只有在极其紧急的情况下，平信徒长老才讲道。因此，当长老们对我的挑战报以睁大眼睛目目相觑和几声紧张的吃吃笑声时，也就不让人感到奇怪了。

但我并不是提出过分的要求，只是想推动他们来面对圣经对他们的呼召，去教导神的话语。如果长老牧养耶稣的羊，那么他们最基本的任务，就是用圣经去喂养教会成员的灵魂。没有食物，羊就会虚弱和死亡；没有定期的教导圣经进行喂养，基督徒就会在灵里挨饿。

在一个地方教会里，也许教导比任何其他任务都更能将长老从众人中分别出来。我们在第一章中曾经看到，合格的长老必须善于教导（提前3:2）。值得注意的是，保罗在《提摩太前书》3章中列出的长老和执事的资格清单相当类似，除了一个明显的不同点：长老必须善于教导神的话语，而对执事并没有这样的要求。长老和执事都需要有基督一样的品格，但只有长老才必须展现出解释和应用圣经的技巧。

在第二章中，我们认真思想了长老就是牧师或牧者这一事实。当保罗列举耶稣赐给教会的各种职分时，他将牧养和教导紧密地联系在一起："他所赐的有使徒，有先知，有传福音的，有牧师和教师。"（弗4:11）

请留意两件事。第一，所有担当这些职分的人都传递神的话语。众使徒是目击见证人，宣告耶稣的言行，并把这些写成圣经。众先知传递由主直接说的话。传福音的人宣告福音。同样，牧师也教导地方的教会。这带来了第二个观察：在11节中，**牧师**和**教师**是并列的。在希腊语中，一个定冠词支配两个名词，表明这两个名词互相修饰。因此"牧师和教师"并不是指两个职分，而是一个职分，即"牧师-教师"的职分。

神使用他的话语来治理

神要求长老来教导他的百姓，这个事实不应令我们感到吃惊。神使用他的话语来治理他的百姓，因此神总是把传递他话语的任务托付给他百姓的领袖。

神把他的应许告诉亚伯拉罕、以撒和雅各，他们又转过来带领各支派信靠那些应许，顺服神的命令。神把立约的话赐给摩西，摩西又将这些话语教导给以色列（申4:1）。摩西命令以色列的父亲们要牧养他们的儿女，教导他们律法（申4:9，6:4-25）；神再次向教会中信靠神的父亲们发出这个命令（弗6:4）。以色列的祭司不仅要献上祭物，也要教导百姓神的律例（利10:10-11；代下15:3，17:7-9）。神差遣先知宣告"耶和华如此说"，以此来指引和纠正他的百姓。就连以色列的君王，神也要求他们认真学习神的律法（申17:18-20）。

然后是耶稣。我们的这位好牧人，首先和最重要的是做一位大能的传道者。当他看到众人时，他"就怜悯他们，因为他们如同羊没有牧人一般"。他做了什么来满足他们对一位牧者的需要呢？"于是开口教训他们许多道理。"（可6:34）四福音书中充满了耶稣所讲的比喻、解释、劝勉和对话。耶稣是那成为肉身的道（约1:1、14），他应验了旧约圣经所有的话语（太5:17；路24:25-27、44-47），并在他的整个公开事工期间多多地宣告了神的话语。

耶稣复活后，把他教导和宣告的事工交给了使徒（太

28:19-20）。正如耶稣的教导充满了四福音书，众使徒的教导也充满了《使徒行传》和书信。当使徒通过讲道使人做门徒，并将这些门徒招聚进入教会时，他们为每一个教会设立了长老，并把使徒的教训托付给他们（徒14:23）。

请花点时间来对此发出惊叹。耶稣仍然活着，他在天上做王，治理你所在的教会。并且他通过圣经，在你所在的教会行使君王的权柄。如今，耶稣的臣民通过顺服圣经的话来顺服他。因此，如果你是一位长老，当你忠心教导神的话语时，耶稣就是在通过你的教导来行使他对臣民至高无上的主权。

参与教导

那么从实际的层面来说，这对长老意味着什么？这对长老的工作性质有什么含意？我相信有两方面的含意。第一应当是很明显的：长老必须参与教会的教导事工。如果你是一位长老，你就需要在解释圣经上忙碌起来。

然而，长老经常躲避教导。就连合乎资格、善于教导的长老也会在教导的机会中退却。出现这种情况的原因有很多，最常见的就是出于一种无力感。平信徒长老将自己的天赋能力、教导经验和神学训练与他们受薪的牧师作比较，有时这会让他们感到沮丧。他们想："既然我们的团队里有专业人士，教会成员为什么还要听一位像我这样的业余人士讲道？"另外，平信徒监督经常在教会以外还要长时间的工作，因此没有很多的时间来预备讲道。谁会想要用半生不熟的食物来喂养羊群呢？

但如果你是一位长老，你**就是**一位教师。所以，不要让这些恐惧和挫败感拦阻你，使你不做教导。而是要鼓起勇气，发挥你最大的能力，尽力地使用资源，行出你的呼召。

你要因教导是在各种各样的场所进行的而受到鼓励。教导并不局限于周日早上的讲道。无论是在大型聚会还是在人数较少的亲密环境中，长老都能喂养群羊。你可以打开圣经来教导主日学、家庭查经小组、儿童假期圣经学校，或在一对一的辅导关系中教导。请留心教会中任何需要教导的地方，然后挺身相助。

我们的会众中有一小群人来自柬埔寨。在1981年到1982年间，我们的一些教会成员在柬埔寨难民危机期间赞助他们来到美国。这些难民中的许多人成为了信徒和教会成员。他们有主日学，用的是柬埔寨的高棉语来进行教导。在过往的几年，我看着长老们通过翻译来教导他们主日学，我就深受感动。众长老看到了这个需要，就跨越文化和语言的障碍，来喂养这一群羊。

你也要因教导的恩赐能力和形式各不相同而受到鼓励。即使你缺乏让全体会众专注听你讲道45分钟的能力，也并不意味着你要放弃教导的呼召。不要再做那些没有用的比较了，好好想想如何使用神已经赋予你的恩赐、生活经历和个性吧。

我所在的教会，有一位叫迈克的成员，他极有怜悯人的心，多年来他对被罪恶的瘾症所奴役而心碎的人很有负担，这主要是因为耶稣已经救他脱离了罪和瘾症的权势。所以他开始了查考关于"成瘾"的圣经学习。没错，就是查经。迈克并没有使用一种戒瘾的课程，他只是教导圣经。但他的生活经历和怜悯，使他能用与我固定在周日讲道不同的方式，让那些和瘾症抗争的人与他产生共鸣。迈克甚至不是一位长老，但他的例子让人看到，神如何使用我们不同的人生经历来教导他的话语。

最后，令人鼓舞的是，教导圣经的人能不断进步。每一位长老都应该听从保罗对提摩太的教导：

> 你要以宣读、劝勉、教导为念，直等到我来。你不要轻忽所得的恩赐，就是从前籍着预言、在众长老按手的时候赐给你的。这些事你要殷勤去作，并要在此专心，使众人看出你的长进来。（提

前 4:13–15）

神呼召他的教师要让人看出他有长进，而不是完美。不要将自己与其他教师作比较，而是要将你的教导与去年或五年前的教导作比较，看自己有什么长进的地方。当我们殷勤地去做这些事（就是"宣读、劝勉、教导"），在这些事上"专心"时，我们就会有长进。

所以要抓住教导的机会，给自己加一把劲。如果在你的教会中有一些人受过神学训练，请他们推荐一些书，来填补你知识上的空缺。请其他教师和长老听你讲课，并给你反馈意见。

如果在你教会中固定讲道的牧师问你是否想在一个星期天的早上讲道，请冒险回答说"愿意！"

保护教导

长老的教导工作还有第二个层面。一位监督不仅要参与教导，他还必须保护教会免受假教师的教导。他必须在教义方面既进攻也防守，"坚守所教真实的道理，就能将纯正的教训劝化人，又能把争辩的人驳倒了。"（多1:9）

掠食动物会猎杀羊。就像牧羊人防备狮子和狼，同

样,长老也必须防备假教师。保罗这样警告以弗所教会的长老:

> 我知道我去之后,必有凶暴的豺狼进入你们中间,不爱惜羊群。就是你们中间,也必有人起来,说悖谬的话,要引诱门徒跟从他们。所以你们应当警醒,记念我三年之久昼夜不住地流泪,劝戒你们各人。(徒 20:29-31)

保罗必然是特别关注在以弗所出现的假教导,因为在他写给教会的信中,他再次强调牧养教导事工的重要性,好使信徒能够成长,抵挡虚假教义的压力和诱惑。当纯正的教导发挥作用时,"我们不再作小孩子,中了人的诡计和欺骗的法术,被一切异教之风摇动,飘来飘去,就随从各样的异端。"(弗4:14)

不断守望的策略

对假教师的教导需要保持警惕。长老需要警惕那些可能扭曲福音或曲解圣经的人或观念。以下是为你的群羊不断守望的三种策略:

了解你的处境

从研究你的属灵处境开始，熟悉你所在社区活跃的特定信念、哲学和宗教。你的会众是否经常接触另外一种主要的宗教？某些邪教是否在你的城市人数众多？要警惕这些群体的主要教导，特别是它们与福音和圣经真理相违背的方面。

有哪些"主义"流行？世俗主义、个人主义、理性主义和相对主义的态度是否影响了你所在地方的人的思维？到你教会来的本地人会输入这些不同的信念，并在教会中根据这些主义来行事为人，甚至连他们自己也察觉不到。确保在你的教导和与人交谈中提到这些世界观。

要特别留意在你附近的教会，甚至在你自己所在的教会，有哪些活跃的扭曲福音的现象。这些可能是从成功神学到开放神论（open theism），从律法主义到自由主义神学的任何事情。在你本地富有人格魅力的人是否在拉拢人来相信肤浅的福音，或假福音的教导？所有这些教导都会伤害你的羊群。

监督加入成员的流程

当你像雷达一样扫描本地基本情况的时候，别忘记为羊圈的前门警惕守望。哪些人加入了你的教会？新成员是否知道教会所教导的内容？他们认同吗？你确定吗？

一种刻意安排的加入教会成为成员的流程在保护教会免受虚假教导的伤害方面能起很大的作用。想要加入教会成为成员的人，应当先聆听教会所相信的是什么，然后才加入。在过往的几年间，我与同做长老的人已经认识到，我们教会神学特点中有一些地方，要比其他的特点更让一些人心里不舒服。这些特点包括唯独信徒受洗、改革宗神学，以及只有男性才能担任长老。因此我们刻意在教会成员学习班一开始的时候，就讲述这些更有争议性的信念。如果班上的一些人因着这些立场而放弃申请成为教会的成员，离开了教会，从长远来说，我们是对他们表现出了善意。

你也需要了解那些希望成为成员的人，他们所信的是什么。请考虑由长老来与这些想要成为教会成员的人进行面谈。直接问他们是否理解教会的教义立场，并是否认同。一些教会甚至要求新成员签署教会的信仰告白，以认同教会的神学立场。

其实不言而喻的就是（无论如何，我还要再说一次）：绝不要让非成员定期在你的团契中担任教导的工作。

审查你的事工

你是否知道自己所在的教会目前正在教导的内容？使用你的长老资格，悄悄旁听年轻人的谈话，或坐在姊妹聚会场地的后面。也可以在主日学帮几次忙。你的会众正在领受哪一种灵粮喂养？是一流的福音信息，还是神学方面的陈词滥调？带着分辨的心留意听会众敬拜的音乐，这些歌词在教导关于神、福音和拯救的哪些信息？教会的歌唱是在支持，还是在颠覆你所教导的教义？

在会众当中展开这项审查。好的牧养，就是长老去找会众，聆听他们的心声。他们在读什么书？他们在网上追随某些传道人吗？如果教会成员正在兴奋地传阅一本书，你很有可能应当读一下这本书。

如果你发现一位查经班带领人、一位主日学老师，或一位讲话很有说服力的人正在攻击纯正的教义，就要直接找这个人谈话。不要让局面恶化。事情不干预并不会自己变好。使徒们针对假师傅发出了最严厉的控告（彼后2；约贰7-11；犹5-11），耶稣对纵容假师傅的教会发出了严厉的警告（启2:14-16、20-23）。

辨认出那真实的

也许长老在保守教会免于虚假教导的方面所能做的最重要的事，就是认识真正的圣经真理。长老"坚守所教真实的道理"，就"能把争辩的人驳倒了"（多1:9）。异端的教导和半真半假的教训到处都是，但真理只有一个。你越明白圣经，你就越能察觉出哪怕是最狡猾的虚假教导。

从前有一个教会，它的领袖觉得牧师已经偏离了福音。这位牧师比这些教会领袖更聪明，受过更多的教育，看起来能根据圣经来证明自己的立场。尽管他有高超的学问以及流利的口才，但这新教导并不能说服教会的领袖。虽然他们并不能在争辩中说服他们的牧师，甚至不能非常精准地指出牧师在哪里出了问题，但他们认出这并不是他们过去所知道的忠于圣经的信息。他们直接与这位牧师对质，后者最终离开了这个教会。

保护教会的教导并不一定需要神学院的学位，但确实需要勇气和信心。

让教导延续下去

本章旨在呼吁长老参与教导并保护纯正的教训。也许你正在做这些事情。实际上你可能是一位了不起的教师，善于把最复杂的神学问题的结打开，能捆绑住最狡猾的假师傅。虽然如此，你的教导事工仍然要面对一个主要的问题：有一天你会死去。

靠着神的恩典，你死后会留下许多受过很好教导的基督徒，但你是否也在身后留下了熟练的教师，来继续教导的工作？换言之，你是否已经采取步骤来训练他人？训练将来的牧师-教师是教导教会工作的一部分。正如保罗对提摩太所说："你在许多见证人面前听见我所教训的，也要交托那忠心能教导别人的人。"（提后2:2）

你是否留意到，教会中有另外一个人，他看来似乎有当教师或长老的潜质？请考虑与他定期会面，一起读神学书籍或查考圣经。或把他当成一个学徒，带他参加你家里的查经小组，或你所教导的主日学。让他看到你预备一门课程的全过程，尝试让他来教导，然后给他反馈。反复进行这个过程。

奋力向前

凯文是接受我的挑战，要在星期天早上讲道的长老之一。在同意接受这项任务之后不久，他告诉我，他越来越有负担，要去接触他所在的城镇的人，思想神是否一直呼召他在镇上建立一个教会。凯文在镇上的一所高中教书，是田径和足球队教练。他认识所在社区数以百计的人。这是帮助带领植堂何等理想的人选！他可以在星期天早上讲道的想法为这个梦想注入了新的生命。

今天，凯文正在我们的教会做专注于讲道的见习工作，他正在参加由西缅基金会主办的网上课程,学习释经讲道,并定期利用机会进行教导,接受反馈意见。我并不完全清楚接下来的每一步,植堂是否会有结果。这全然在神的手中,但我确实看到一位长老,正在进入他教导的呼召,并取得了进步,敢于为福音的缘故而有伟大的梦想。

第四章

把走散的人找回来

一位教会成员不再出席星期天早上的聚会。这在教会中是再常见不过的现象了。几周过去了，几个月过去了，然后才有人留意到这件事。在大型教会这样的事可能更容易发生，但小型教会也会发生这样的情况。

我教会里的人把这种现象称为"从缝里掉下去了"。他们会说这样的话："你最近有没有看见莎莉来教会？我希望她没有从缝里掉下去。"但这样的事情是怎样发生的？是不是真的从缝里掉下去了？这样的说法是把教会比喻成一幢悬空的树屋，在木地板板块之间有很宽的缝隙。偶然一位教会成员没有留意，踩到缝隙里，就"嗖"的一声突然消失了。教会成员是否真的会突然、偶然、不给人任何留意的机会就离开教会呢？

如果我们不使用"从缝里掉下去"这个说法，而是用另一个画面，"脱离羊群走散"，这又如何？这个画面看起来更为贴切，原因至少有两个。第一，"走散"意味着一个失联的教会成员个人负有不断与会众保持联系的责任。一般来说，羊不会因为无意中掉进一个空洞而离开羊群。经过一段时间，经过一系列的选择，它们才会走散离开。

第二，走散的羊这个画面也暗示，当一只羊开始漫步离开时，应当有人来守望羊群，采取行动。是的，每一位教会成员都有自己的责任，不要漫游离开，但所有的教会成员也当尽本分来彼此守望。然而有一群人，他们特别有义务留心是否有羊走散，他们就是众长老。

不断守望

我们在第三章看到，长老需要时刻守望，以确保没有狼渗透进入教会，带来虚假的教训。但长老也要朝向另一个方向守望，留意是否会出现不好的状况：教会成员走散离开羊群，离开主。这是基本牧养工作的一部分。牧羊人要喂羊，要保护它们脱离要猎杀它们的野兽，还要跟踪它们的走向。

还记得雅各怎样详细地讲述他为拉班看守羊群而做的苦工吗？雅各哀叹他是如何耗尽自己的精力来看守拉班的羊群，如何为每一头牲畜交账的。在他的抱怨中，我们可以瞥见警惕、负责任的牧养工作是如何进行的：

> 我在你家这二十年，你的母绵羊、母山羊没有

掉过胎。你群中的公羊，我没有吃过；被野兽撕裂的，我没有带来给你，是我自己赔上。无论是白日，是黑夜，被偷去的，你都向我索要。我白日受尽干热，黑夜受尽寒霜，不得合眼睡着，我常是这样。（创 31:38-40）

与之形成对比的是，以西结发预言攻击以色列的领袖，控告他们疏忽牧养："祸哉！以色列的牧人只知牧养自己。牧人岂不当牧养群羊吗？"（结34:2）他们疏忽牧养的其中一方面是什么？"被逐的，你们没有领回，失丧的，你们没有寻找。"（4节）结果就是，"我的羊在诸山间、在各高岗上流离，在全地上分散，无人去寻，无人去找。"（6节）

但神宣告他要亲自来寻找他百姓中迷失的羊：

主耶和华如此说："看哪！我必亲自寻找我的羊，将他们寻见。牧人在羊群四散的日子，怎样寻找他的羊，我必照样寻找我的羊。"（结 34:11-12）

就这样，神在耶稣里临到，把迷失的羊招聚起来，成为一个新群。耶稣解释他对税吏和罪人所做的事工，把自己比喻为一位牧羊人，撇下九十九只"找到的"羊，为的是寻找那一只走失的羊（参见路15:1-7）。他称自己是好牧人，不仅为羊舍命，还要把"另外的羊"带进来，"另外的羊"指的是外邦人（参见约10:14-16）。

再一次，教会长老进入了画面当中。长老是耶稣手下的牧者，不断地为耶稣和他的福音所拯救和招聚起来的这群羊守望。长老被称为"监督"，这是很贴切的。长老"为你们（会众）的灵魂时刻警醒，好像那将来交账的人"（来13:17）。能很好地带领家庭，这是做长老的一个资格（见第一章），部分原因也在于此：好好教养儿女，这要求专注监督儿女和家庭正在发生的事，好的牧养也是如此。

为谁交账？

所有这些讲到监督的内容，提出了一个至关重要的问题：长老到底应当为哪些人守望？如果长老是牧者，必须像雅各那样交账，那么他们在神面前要为哪些人交账呢？肯定的是，教会长老并不是在属灵上对各处的每一位基督徒负责，所以长老必须只负责看守那些他们在教会里服侍的人，情况是不是这样呢？

也许是，也可能不是。长老是否有一种属灵的责任，要为曾经来过一次教会的人负责？还是来过两次的人？一个人要来参加星期日敬拜多长时间，多高频率，然后才能"正式"地被算作是羊群的一部分，并接受长老的监督？如果一个人固定参加教会的查经聚会，却不参加教会的敬拜，那又会怎样？一个固定参加聚会的人是不是信徒，又有什么分别？

看来圣经所讲的牧养，要求有一些清晰的方法来定义羊群。长老一定要能分辨出，作为牧羊人，他们要为之交账的人是谁；作为基督徒，他们要与之建立关系的人是谁。换句话说，教会长老的职分，要求需要有某种教会成员制的概念。

长老职分与教会成员制

教会成员制有两个至关重要的作用。首先，它**辨认出**哪些人是耶稣的门徒。教会成员制并不会使人成为基督徒，但确实会从外在将人标记为基督徒。耶稣赋予地方教会"捆绑"和"释放"的权柄（太18:18）。通过受洗成为教会成员（太28:18-20），给羊打上羊的标志，通过把人逐出教会（太18:15-17）来除掉这个标志。一个人寻求成为教会成员时，他来到教会面前说，"我是一位门徒"，教会说，"是的，我们相信你是！"（或在很罕见的情况下，说"不，我们不相信你是！"）教会将人除名时说："你可能是一个真正的基督徒，但你不悔改的罪让我们没有理由继续确认你是一名基督徒。"

其次，教会成员制不仅将一些人识别为基督徒，还将一群识别出来的信徒**招聚**进入一间具体的教会，在其中他们彼此委身。使徒通过传福音使人做门徒，然后给他们施洗，让他们加入地方教会的团契生活，好使基督徒能得到教导，顺服耶稣的命令。当使徒聚集一群一群的门徒加入教会时，他们设立长老来带领和教导每一个教会。正如保罗提醒他的同工提多那样："我从前留你在克里特，是要你将那没有办完的事都办整齐了，又照我所吩咐你的，在各城设立长老。"（多1:5）

你看到了吗？教会成员制让整个长老监督工作变得切实可行。

教会成员制辨认和标记出耶稣的门徒，让牧师-长老按教会能确认的最大程度知道，这些羊确实是羊。教会成员制把门徒招聚起来，形成一个教会，并帮助一位长老知道，哪些特定的羊是在他的监督之下，他要为他们向神交账（来13:17）。这并不意味着一位长老应该对参加教会敬拜的非教会成员无动于衷或冷漠，但这确实意味着，长老对教会成员有一种权柄和交账的责任，是他面对非成员时所没有的。

教会成员制也帮助全体会众记得，他们要彼此负责。众长老应当带头去寻找迷失的羊，但他们并不是唯一的守望者。教会成员制意味着在整个身体之内，人们要彼此为对方交账，互相关心。

你所在的教会是否正在认真地看待一种更符合圣经的关于长老的看法，或正在思考朝着一种长老的模式来发展？请务必同时进行建立教会成员制的工作。①有意识的教会成员制会为有效的长老带领营造空间。

五种走散的羊

假设你是一位长老，终于明白了这里所讲的一切。你认识到你的呼召包括为走散的教会成员守望。并且假设你的教会践行有目的的教会成员制，所以你也确实知道该为哪些人守望。现在该怎么办？你怎么继续守望？你应当特别留意些什么？

教会成员通常会有五种方式的走散。当你在地方教会的

---

① 关于对教会成员制很好的入门介绍，请参阅约拿单·李曼所写的《教会成员制》一书，该书的电子版可以在这里下载：http://cn.9marks.org/download/

团契中与人建立关系,听到有一位成员正身处其中的某种状况,你就要留心了,这位弟兄或姊妹可能已经走散了。

犯罪的羊

让我们从一种容易的处境讲起——说它容易,并不一定指很容易解决,而是指很容易辨识。如果你发现一位教会成员公开犯罪,你就已经看到一只走散、犯罪,需要干预的羊了。

每一位教会成员都会与罪争战,每一位长老也是如此。约翰写道:"我们若说自己无罪,便是自欺,真理不在我们心里了。"(约壹1:8)但有些罪比其他罪更公开更明显,有时教会成员似乎已经不再想与罪争战,而是决意悖逆。如果长老发现有明显的犯罪且不悔改的现象,就需要鼓起勇气,信靠主,谦卑地直面这位成员,正如耶稣教导我们的那样(参见太18:15–17)。

有时干预会起作用。想起有几次我挑战纠缠在罪中的教会成员,尽管我很胆怯,主却施恩,带领这人悔改,我就大大欢喜。然而,事情的结局并不总是这样。我认识一位长老,他想方设法地想要接触一位躲避他、犯罪的教会成员,他甚至在吃午饭的时候把车停在这位成员的公司门外,希望最终能当面见到他。不幸的是,那位成员回避他,最终也不悔改,再也没有回到教会。

游荡的羊

游荡的羊走着走着就离开了教会,被其他活动或感兴趣的事情所吸引。引发走散的原因,可能是由于出差忙碌,或没有智慧地为孩子选择了体育活动,结果一家人不能参加周日敬拜,或是因为买了一幢需要许多维修工程的房子而耗尽了周末的时间。有时,一位年轻的教会成员去上大学,就会灵命退步,结果不再回到教会和主的面前。其他时候,有人抱怨自己在教会里觉得不自在,所以不再出席。

不管情况如何,这些教会成员都没有认真听从《希伯来书》的劝诫:"又要彼此相顾,激发爱心,勉励行善。你们不可停止聚会,好像那些停止惯了的人。"(来10:24-25)他们忘记了教会成员制意味着与其他成员有固定的联系,目的是为了"激发爱心,勉励行善"。一个人可能争论说,这种**游荡**的羊,走散离开我们的敬拜聚会,似乎并没有那么糟。但事实上,这样的羊是在犯罪,违背了圣经的这条命令。

长老们,要留意那些生活过分忙碌的教会成员,带着爱心提醒他们,不要把与会众的团契和敬拜给挤掉了。

瘸腿的羊

耶稣从未应许我们生活没有疼痛和苦难。基督徒也会失业，被情侣抛弃，被诊断患上二型糖尿病，开车被人追尾，惹上官司。曾经积极活跃的信徒年纪大了，只能待在家里不能外出。这些受苦的教会成员是瘸腿的羊，处在落后的危险中，因为他们赶不上群羊。他们需要有人放慢脚步，与他们同行。极大的苦难甚至会让最坚强的圣徒都无法承受，变得极其沮丧，慢慢耗尽他们的力量，不能维持与教会的正常联系。如果那位在忍耐和信心方面都无与伦比的约伯都有他自己的极限，那么你的会众也肯定有他们的极限。

当你知道一位教会成员正在经历一场人生中的大风波，就需要认真留意了。这位弟兄或姊妹有其他教会成员——不管是朋友，还是查经小组成员——的支持吗？他有没有什么实际的需要，是执事能帮助解决的？这位成员受苦的消息，是否成为了教会源源不断祷告的内容？身为长老，就在我们自己挺身而出，为一位有挣扎的成员祷告和进行辅导时，也能在这件事上提醒和动员全体会众这样去行，这常常可以服侍到有挣扎的人。

让人惊讶的是，就连最小的关怀举动，也能让瘸腿的羊精神焕发。聚会后在教会走廊里一个快速的拥抱和祷告，一张鼓励的便条，或短时间的探访，都能让一位受伤的成员打起精神，继续向前，再多坚持一个月。就在上星期，我问教会中一位姊妹关于她丈夫的情况。他的健康出了很大的问题，有时不能来参加敬拜。这位姊妹告诉了我他最新的情况，接着称赞我们的一位长老，这位长老花时间去探访了他们。那一次简单的家庭探访，提升了他们的信心，给了他们坚持下去的力量。

每一件小小的事情都有重大的意义。当主让受伤的教会成员进入到你的视线当中，你就要挺身而出，给予关怀。

打架的羊

你可能觉得这难以置信，但我知道有一些教会，它们的成员卷入了彼此的冲突中。当然，这样的事情从来没有在我的教会中发生过，你肯定以为，在我的教会里，所有教会成员对政治和敬拜音乐观点一致，所有委员会都用同样的方式来解决问题和安排财务，没有人会得罪其他任何人。

事实上，鉴于我们成员的个性和背景是如此的多样，再加上我们自己仍有犯罪的倾向，对于我们教会竟然会如此的和谐，我惊讶不已。这一定是圣灵的作为。

当教会成员用羊角互相顶撞时（这无可避免会发生），他们就有严重的走散危险。人开始迅速地消失。他们说："教会不应该是这样的，因着我感受到的一切张力，我再也无法敬拜了，我要离开这里。"

激烈争斗的教会成员需要受到挑战，为神的荣耀，为福音的缘故与人和好，但他们可能需要帮助才能做到这一点。

就连最成熟的门徒也可能需要一个裁判。保罗挑明他的两位同工之间有争吵："我劝友阿爹和循都基要在主里同心。"（腓4:2）然后请求教会出手帮助："我也求你这真实同负一轭的，帮助这两个女人，因为她们在福音上曾与我一同劳苦。"（腓4:3）

各位长老，不要对成员之间的冲突视而不见，希望事情会自己平息下来。事情极少会这样。你可能会受到试探，试图回避和忽略冲突，因为你只不过是常人一个，并不喜欢去劝架。但要记住耶稣的话："使人和睦的人有福了，因为他们必称为神的儿子。"（太5:9）紧紧抓住这福分。邀请互相争吵的教会成员来和你交谈，看神会有怎样的作为。要记住，一位长老的目标，就是让羊成熟起来（参见第二章）。冲突给人带来难以置信的机会，让人在基督里成长。

咬人的羊

但如果教会成员把怨气发在你这位牧者-长老身上，那你又该怎么办呢？如果在你尝试接近的时候，那只羊咬了你，你该怎么办？一个将你看作是他离开的原因的人，你该如何来继续为他守望呢？

对于这个问题，答案可能极不一样，取决于具体的情况和所涉及的人。但不管具体情况如何，当一位长老被人追究时，有三件事是他总要去做的：

- 请另外几位长老帮助你来面对这位有怨气的成员。正如我们将要在第六章中所看到的，这是神命定每个教会应当有不止一位长老的原因之一，这种做法我们称为"众长老治会"。长老们彼此守望，因为牧者自己也仍然是羊。让你自己谦卑下来，接受其他长老爱的审查。如果那位教会成员错了，就让其他的长老来为你的立场辩白。
- 保守你的心，远离自辩、愤怒和不屑一顾的心态。当你去找其他长老求助时，不要把这件事作为教会领袖抱团自辩的借口。努力维持用爱心和怜悯去对待那些诋毁你的人。
- 当你与一位对你充满抱怨的姊妹或弟兄见面时，你要认真聆听。我在过往的几年里发现，即使最愤怒、最毫不留情批评我的人，通常都有他有道理的地方。可能他们对这一点进行了夸大，并用不成熟和有罪的方式进行了表达，但他们通常仍然是在回应我需要面对的**某些事情**。

继续守望：福音塑造的呼召

在这些情形里，寻找走散的教会成员，这很可能是长老工作中最困难、最让人觉得魅力不足的部分。你教一门课程，会得到会众的称赞与尊重。你为教会成员祷告，会经历极深的满足感。当你是长老团队的一份子，做出了历史性的带领决定，你会因此兴奋莫名。但直面挑战一个犯奸淫的人，或插手一场迁延已久的冲突，你个人会得什么益处呢？谁会真正想坐下来，听一对充满怒气的夫妇详细地指出他们认定你和教会伤害他们的一切事？我们自己的生活中不是已经有太多的跌宕起伏的事情了吗？为什么还要再去趟别人的浑水呢？

原因有一个：当长老出去寻找走散的成员时，他们就意味深远地体现出了福音。继续守望，把这些走迷路的人找回来，这是一种由耶稣塑造的工作。

这位好牧人来到这世上，为寻找和拯救失丧的人。神的羔羊来，为像我们这样不悔改、犯罪的羊而死。这位大医生来，为瘸腿、有病、因罪而生命破碎的羊包扎伤口。这位和平的君来到我们这个被争战撕裂，被争竞割裂，纷争无数的世界。我们侮辱他，击打他，用枪扎他，他却不开口。

耶稣不是非来不可，但他却来了。当长老采取主动，让自己牵涉到事件当中，甚至让自己付出代价时，他们就是在以身作则，显明他们所传讲的这福音本身。

第五章

带领却不辖制

情况不断恶化，主任牧师和助理牧师在几个至关重要的问题、包括神学和如何最好地开展教会事工方面不能坦诚相待。他们的分歧通过他们的讲道渗透到会众当中。不断加深的张力开始使教会分裂。

这位助理牧师把这局面告诉我之后，我问他："你的教会难道没有长老吗？"他证实教会有长老。我继续说："那么他们正在采取什么步骤来解决冲突？"

他对我说："这就是让人感到沮丧的地方。他们不知道该做什么。他们发出了混乱的信号。有时他们说，要我继续留在岗位上，但有时候他们似乎又认为，我与主任牧师的分歧太大。"

对于这情形里每一个人的感受，我都深有同感。我为这两位牧师心痛，他们都爱主，但对事工有非常不同的看法。我也很同情这些长老，他们很可能是好人，想要服侍教会，但却发现自己卷入了一场在他们的牧师之间复杂、有可能是爆炸性的争论，这两个人他们都需要尊重。难怪他们看起来像是瘫痪了。这种混乱的局面岂不是超出了他们的工作等级所能应付的吗？

然而牧师和教会所需要的，正是愿意卷入一个错综复杂的局面并进行带领的长老。

你说的是谁？

在一本论述长老的书中，用整个一章的篇幅来讲带领这个话题，看起来可能很多余。长老带领教会，难道不是很明显的事吗？可能是这样。但当事情变得极度混乱，有时那明显的事我们反而看不见了。

长老会很容易觉得自己不够资格带领教会，尤其是在紧张的处境中。他们开始想："我并没有神学院的学位，我在教会管理方面也没有受过训练。我家庭事务繁忙，还有全职的工作，我没有足够的时间和能力来解决这个问题。老实说，我觉得自己不过只是一位有荣耀的教会委员会成员。"平信徒长老是谁，竟要重新制定教会长久以来持守的海外宣教理念，引导教会经历花费昂贵的会堂扩建过程，或澄清对一位教会职员发出的行为不检的指控？

教会成员也可能会感到奇怪。有时一位成员会配合平信徒长老的带领，只要长老引导教会走在这位成员所喜欢的方向上。但是当长老走"错"了方向，这位教会成员就会退缩。他会抱怨说："他以为自己是谁？我和他一起参加查经小组有十年时间了，他并不比我强，现在他突然就发号施令了？"

我们甚至可能再退后一步，质疑在目前这更广阔的文化处境中，长老权柄是否有存在的正当性。现在在西方社会，人们倾向于带着怀疑的眼光来看待做带领的。我们喜欢质疑权威，营造阴谋论，告发他人。领袖地位越高就跌得越惨，世界的欢呼声就越响亮。随着权柄已经从外在制度转移到内在直觉，每一个人都变成了自己主权的君王。鉴于这样的气氛，长老算什么，更不用说一个教会了，竟然来告诉每一个人当如何生活，当相信什么？

长老真的有带领教会的权柄吗？

获得授权带领

让我们首先来回顾新约圣经中赋予这一职分的三个可互换的称呼。虽然这三个头衔都有稍微不同的内涵，但都包含着权柄和带领的含义。

- **长老**。这个说法暗示着智慧和经验。你去找一位长老寻求辅导和指引。长老有道德权威，他们讲话的时候，人们会倾听。
- **牧师/牧者**。牧者负责照管羊群，他们带领羊从一个地方走到另一个地方。你能想象有一位牧者，会不在乎羊群朝哪个方向游荡吗？
- **监督**。这个说法描述的是一个为事或人守望的人。

并且，也请再次思考我们已经查考过的几处经文。在你重读这些经文时要留意，每一处经文作者都认定教会的监督有权柄带领教会，教会的成员有责任尊重和顺服这权柄：

> 人若不知道管理自己的家，焉能照管神的教会呢？（提前 3:5）

> 那善于管理教会的长老，当以为配受加倍的敬奉。那劳苦传道教导人的，更当如此。（提前 5:17）

> 弟兄们，我们劝你们敬重那在你们中间劳苦的人，就是在主里面治理你们、劝戒你们的。又因他们所作的工，用爱心格外尊重他们。（帖前 5:12-13）

> 你们要依从那些引导你们的，且要顺服，因他们为你们的灵魂时刻警醒，好像那将来交账的人。

（来 13:17）

长老照管、带领、劝诫教会成员，为他们时刻警醒。教会成员的回应就是承认他们，敬重他们，并且服从他们。

教会在自身组织的问题上各有不同的做法。像我所在教会的治理模式是会众制，和长老会教会的组织形式不一样，我们也不会接受像我们的安立甘宗朋友那样有主教和大主教的主教制体系。但所有教会至少都应根据圣经的教导认同一件事：神已明确地将某种权柄委派给了长老，并由他们来指引地方教会的事务。

在行李堆中闲坐

如果你是一位长老，就要挺身而出，努力工作带领你的教会。你不需要知道一切的答案，你也肯定不会把所有的事情都办得稳稳妥妥。但耶稣已经赋予你使命，引导他的羊群。你的教会需要你采取主动，制定一条前进的道路。

你有可能会受到试探，像扫罗王一样回应。虽然神拣选了扫罗，虽然撒母耳膏抹他做王，但当扫罗要在国民面前出现时，他却躲在了各样的器具之中。这肯定是一个很好的藏身之处，因为百姓不得不问神他在哪里："众人寻找他却寻不着，就问耶和华说：'那人到这里来了没有？'耶和华说：'他藏在器具中了。'"（撒上10:21-22）做长老的弟兄，教会需要带领的时候，不要躲藏起来。是时候从这行李袋里爬出来，离开货仓，坐在驾驶舱的座位上了。

因着充满勇气的平信徒长老在关键时候做出的必要带领，我所在的教会已经一次又一次地蒙了神的祝福。我想到了约翰，在一次让人痛苦的教会分裂后的几年里，他很有技巧地带领我们重新修订了教会的章程。他重新撰写的教会章程得到了会众一致投票通过。我曾与蒂姆一同参加过几次气氛紧张的会议，看到他耐心镇定地消除教会成员，甚至教会职员之间的纷争。我记得马特给教会带来了合一，他清楚和令人愉快地解释我们需要扩建会堂。我很感谢力克和克雷，他们帮助我们完成了复杂的聘牧过程，结果我们有了一位非常了不起的助理牧师。会众很可能并没有意识到艾里克为他们做了何等多的事，他不懈地挑战其他长老，使他们成为教会成员的牧者。

就在我写这本书的时候，我还在为比尔感谢神。他目前正在从事全职商业工作，但他会使用他的业余时间以及在运营和团队管理方面的专长，来帮助我牧养教会的职员，与此同时也在训练我如何来带领，真是额外的收获！

我还可以利用本章余下的篇幅，来讲述我自设的长老名人堂里的人和事。我实在是有幸与如此爱这群羊的人共事，他们做艰难的决定，确定由福音塑造的政策，为教会合一劳苦工作，在挫折中坚忍，开会、与人交谈、祷告，为会众牺牲了许多的时间。由敬虔和爱心之人所行使的权柄，给地方教会带来了生命、合一和多结果子。当教会服从这权威的时候，他们自己就会得益处（参见来13:17）。

独断专权

也许你还没有被完全说服。

所有这些关于长老权柄的内容，有没有让你紧张不安？即使有圣经经文的支持，你是否还有犹豫？也许按你的经历，长老的问题并不是他们太像扫罗，藏在器具箱里逃避宝座。问题是他们更多地像职业生涯后期的扫罗，那时他拿起长矛向大卫掷去，妒火中烧，恐怕那位来自伯利恒的小孩会篡夺他的王位（参见撒上18:9-11）。也许你感受到真正的威胁并不是长老的胆怯，而是长老的专权。

我认识一位年轻的弟兄，他很想服侍一间地方教会。这是一间较小型的教会，本来可以因他的恩赐而受益。但这位年轻的信徒撞上了一堵墙，这堵墙就是其中的一位教会长老。这位长老帮助建立了这个教会，他的话带着权柄。而且他有时候也用非常直接的方式行使这权柄。他是教会其中的一位"老板",而且并不害怕让人知道这一点。不幸的是,这位长老并不喜欢这位年轻人想要给教会带来的服侍,或他想带来的改变。事实上,这位长老总体而言并不喜欢改变。尘埃落定后,这位年轻人安静地离开,浑身是伤,心灰意冷。

只需要与控制人,认为自己甚了不起的长老产生一两次的顶撞,就会让人怀疑"牧师权柄"、"属灵的监督看顾"等诸如此类的说法。毕竟,这些词岂不都是那些邪教领袖为了控制他人而随口所说的话吗?

带领却不辖制

耶稣和众使徒分享了你的担忧。他们不仅授权长老来带领,也从根本上重新塑造了领袖的职分,就是谦卑、牺牲地来服侍那些跟从领袖的人。彼得肯定了长老监督和牧养的责任(彼前5:2),但就在同一段话里,他呼吁长老要谦卑和以身作则地来带领,"也不是辖制所托付你们的,乃是作群羊的榜样。"(3节)

彼得当时可能回想起了耶稣对他和其他门徒的教导,在神国度中真正的权柄和伟大是什么:

> 你们知道外邦人有君王为主治理①他们,有大臣操权管束他们。只是在你们中间不可这样。你们中间谁愿为大,就必作你们的用人;谁愿为首,就必作你们的仆人。正如人子来,不是要受人的服侍,乃是要服侍人,并且要舍命,作多人的赎价。(太20:25-28)

这位好牧人为羊舍命的时候,他不仅付出赎价,救他们脱离罪,他还为他所买赎的羊群重新定义了什么是伟大和权柄。

在最后的晚餐上,耶稣让门徒们震惊,他给他们洗脚,然后他这样解释了这令人震惊的举动:

> 我是你们的主,你们的夫子,尚且洗你们的脚,你们也当彼此洗脚。我给你们作了榜样,叫你们照着我向你们所作的去作。我实实在在地告诉你们:仆人不能大于主人,差人也不能大于差他的人。(约

---

① 很有意思的是,《马太福音》20章25节中翻译为"为主治理"的希腊文单词,与彼得在《彼得前书》5章3节中用的是同一个词。除了这些经文以外,这个词还在《马可福音》10章42节(与《马太福音》平行的经文)和《使徒行传》19章16节出现过。

13:14—16）

那一天晚上，耶稣把上衣脱下来，亲手洗门徒肮脏的脚。第二天他要再次被剥去上衣，这同一双手要被钉在十字架上，为的是洗去他门徒里面的罪。那些站在十字架下得救免的人，可以用一种颠覆这世界，令这世界震惊的方式来看待带领和伟大。

建立仆人式领导的组织架构

长老如何才能维持谦卑、腰束毛巾给人洗脚的姿态，而不陷入一种傲慢、带着冠冕的专制模式？长老真的能在不辖制下带领，不独裁下行使权柄吗？

人绝不可能完全消除过分专权的危险，骄傲无时无刻不纠缠着我们的内心。最终来说，每天靠着圣灵的大能把自我钉死在十字架上，是每一位长老的责任。但教会也能做一些事情，来培养一种谦卑的治理文化。领袖和会众可以一同组织和构建他们的生活，让仆人式领导成为常态，而专横领导变得不再合宜。

请思考以下六种集体习惯，它们能帮助长老和会众像耶稣服侍我们一样彼此服侍：

选择谦卑的长老

一个教会所能做的最简单最有效的事，就是制订出一套为了筛选出潜在长老的流程，然后确保所选择的是谦卑的人。正如我们在第一章中所看过的那样，长老的资格清单规定这个人必须"温和、不争竞"（提前3:3），"不任性、不暴躁"（多1:7）。

我曾听一位牧师说过，一位教会领袖最重要的品质就是谦卑。他继续指出第二个最重要的品质：还是谦卑。那么第三个最重要的品质是什么呢？你很可能已经猜到了。

选择长老时，要找那些在教会中有坚定而温柔的做工历史记录的人。有仆人心肠的人被设立成为长老，他们很有可能会继续像仆人一样行事为人。即使他们会变得有一点点傲慢，但在被人直面挑战时，他们往往会有良好的回应。要找那些能在长老会议上说出他们的想法，但在自己的立场被投票否决时也能欢喜顺服团队意思的人。谦卑的长老能互相顺服。

但如果一个人自以为是，目空一切，固执和辖制人，不管这个人上任后会带来怎样的其他的才能、经验或资源，教会都不要犯错误，把牧者的杖交给他："给人行按手的礼，不可急促；不要在别人的罪上有份。"（提前5:22）

委派执事

长老并不是教会唯一的执事,使徒也被任命为了执事。执事通过照顾教会的后勤、行政和实际的需要,培养教会的合一。许多人将初期教会那"七个人"看作是教会执事的雏形,他们的使命就是监督分发粮食给教会中的寡妇,好让会众可以享有和谐,并使众使徒可以有时间来传道和祷告(参见徒6:1-7)。

培养一种健康的、被授权的执事职分,就扩展了教会中的权柄和权利,因此会营造出一种结构性保护,以防备长老在重要问题上出现瓶颈之争。众长老依然指导教会的事务,并最终对教会的一切事务承担某种程度的责任。但他们可以委派执事履行某种职责,让他们自由行事。当长老把教会中例如接待、照顾儿童、场地设施、记账、慈惠事工和技术方面的问题交给合格的执事时,他们就向会众传递了一种谦卑的信任。执事就像《使徒行传》6章中的那"七个人"为使徒做事一样,转过来将重担从长老身上卸去,使他们能够教导、祷告和牧养。

持守责任

你的教会是否有一种机制,可以直面挑战一位落入罪中的长老?保罗对提摩太说,要非常看重长老(提前5:17-

18），但在接下来的经文中，他命令那些被证明有罪的长老应受到公开的责备：

> 控告长老的呈子，非有两三个见证就不要收。犯罪的人，当在众人面前责备他，叫其余的人也可以惧怕。（提前 5:19-20）

长老们，如果你们发现一位同作监督的人，行事为人悖逆主，不愿悔改，不要仅仅因为他是长老的缘故就睁一只眼闭一只眼。正如保罗接着所说的那样："我在神和基督耶稣并蒙拣选的天使面前嘱咐你：要遵守这些话，不可存成见，行事也不可有偏心。"（提前5:21）

尊荣神的道

一位长老可以不断地使神的道和福音成为教会的中心，以此来带领教会却不辖制人。一位长老应不断地让自己置身于神的话语之下，在他的一切教导、敬拜和事工中均需如此。这既提醒他也提醒会众，他的权柄是有前提的，唯独圣经才是教会生活中绝对的权威。会众也应当选择那些把圣经（不一定是**他们对圣经的理解**）看得最重的人来担任长老。

毕竟，长老只有在教导、遵守和执行耶稣的话语时，才对属耶稣的教会有权柄。正如十九世纪的牧师威廉·约翰逊（William Johnson）所言，长老是执法者，而不是立法者。[②]他们的工作只是在教会生活中宣告和执行圣经的教导。当长老高举圣经，他们同时也让自己谦卑下来。他们这样做，表明自己就是真信徒想要跟从的那种人。

自我复制

我们在第三章中看到，长老需要训练能取代他们的人，以此来延续教会的教导事工。谁将会成为下一代的教师和长老？要注重训练，这不但能延续教会的带领，还能帮助长老保持谦卑。在向他人放权的同时又抓住权力不放是相当困难的。

信任会众

对于是否要说明这一点，我有一丝犹豫，因为本书的读者并非都像我一样相信会众制的教会治理。本书也不是在为会众制的教会治理作辩护。但我是否可以谦卑地观察一下，在某些领域赋予全体会众最终的权柄（即使是长老会教会也是如此），岂不是在组织结构方面有了最好的保护，以防止长老专权吗？将重大的决定带到教会面前，请求教会的批准，这就会迫使长老放权，谦卑地信靠教会的成员和主。有

[②] 摘自 *Polity: Biblical Arguments on How to Conduct Church Life* (Washington, DC: Nine Marks Ministries, 2001), 195. 由狄马可编辑。

时我希望我能发布命令，做出一个重大的决定。但会众制的过程倾向于更慢，有时并不会带来我想要的结果。但多年以来，我已经开始欣赏到，实践得好的会众制治理，能在长老和教会成员之间建立起合一和信任。相信在某些决定方面，最终的权柄在于会众，这迫使长老更努力地教导会众，与会众沟通，并且通过祷告来信靠神。

作为牧羊人，他同样也是羊

耶稣已经设立长老做他手下的牧者，看顾他的羊群。长老应当把这个任务牢记在心，带着勇气来治理所在的教会。柔弱、消极被动的监督只会引发教会问题，并让问题每况愈下。我呼吁所有与我同做长老的人：为了教会的缘故，为了福音的缘故，为了神荣耀的缘故，带领你的会众！

但在所有这一切对牧者的勉励中，你要记住一个相辅相成的事实：你们自己也是羊。

这是每一位长老都必须要面对的一个极大的悖论。他既是一位牧者，也是一头羊；既是跟从耶稣的人的领袖，同时自己也是跟从耶稣的人；既是地方教会的监督，也是这身体中的一部分。一位长老是有罪的人，靠恩典得救、蒙恩，跟从那位好牧人耶稣基督。突然，耶稣转向他，把牧者的杖交

在他手里，说"你喂养我的小羊。"（约21:15）

如何解决由羊变成牧者所固有的张力呢？你并不需要解决这张力，只需要坦然接受它。你回应牧养的呼召，同时宣告你完全依靠主。你说："让我们朝这个方向走。"与此同时，与教会其余的人一道呼求："主，求你引导我们。"你定睛在耶稣身上，靠着他的恩典，带领却不辖制。

第六章
一同牧养

我很高兴你还在读这本书。坦白说，我曾担心你到此刻可能已经放弃了。这并不是因为这本书很厚，或很有挑战性。我是担心，当你看到圣经对长老的一切要求时，你可能会灰心丧气，于是就把这本书扔下了。

开篇论述长老资格的那一章已经够糟了。使徒为长老设立了很高的标准：像基督一样的品格，管理得井井有条的家，善于教导和捍卫圣经的真理，还要"无可指责"。怎么办呢？任何感知到自己过错和弱点的人，都会发现这些描述至少是发人深省的。在我写那一章的时候，禁不住反思："我**真**有资格做一位长老吗？更不用说写一章关于长老资格的书了。"

即使你侥幸通过了第一道筛选，第二章到第五章所说的分量极重的责任，也有可能已经让你打退堂鼓了。长老牧养羊群，教导教义，驳斥错谬，养育教会成员使他们成熟，寻找走散的人，治理和带领，解决冲突，这只不过是长老职责中的几样本分而已。

而接下来，我们还有三章的内容。

有时这些工作内容压得我喘不过气来，我是一位受薪牧师，把一周全部的工作时间都用在了完成这些任务上。但如果你是一位平信徒长老，工作压力很大，上下班路程折磨人，家庭忙碌，还有一所房子需要维护，并且也许你还有一两种业余爱好，这时你又该怎么办呢？你要怎样才能在挤出来的有限时间内，公正地履行教会监督的崇高呼召呢？这让人觉得必定会失败。平信徒做牧养的工作真的可行吗？

我相信是可行的。部分的解决方案在于接受你牧养的呼召，用牺牲的精神将这呼召摆在优先的地位。亚历山大·斯特劳克（Alexander Strauch）对我们有些净言要讲：

> 许多人养家、工作，把相当多的时间用在社区服务、俱乐部、体育活动以及/或宗教机构方面。邪教已经发起大规模的平信徒运动，这些运动之所以能维持下来，主要是因为他们的成员自愿付出了时间。我们这些相信圣经的基督徒，正在成为一个懒惰、柔弱、付钱让他人做事的基督徒群体。绝对让人惊奇的是，当人有动力去做他们喜欢做的事情时，他们能做成的事是何等的多。我曾见过有人在

业余时间里建造和重新修葺他们的房屋。①

立志要做长老的人，应计算服侍的代价，然后信靠神的恩典，为着教会慷慨地把自己全然摆上。

但还有另外一个因素，使平信徒可以持续从事牧养的工作。这是圣经讲的长老资格中的一个元素，它使我在过往的岁月中坚持着牧者的工作。神设计地方教会时，充满智慧地设置了**众长老**。牧养是有可能做到的，因为神的设计是让它成为一项团队的工作。

众长老牧养

新约圣经描述长老在教会实际发挥作用时，用的是复数。请浏览下列经文，留意在每一个教会中，都有多位长老带领：

> 到了耶路撒冷，教会和使徒并长老（原文复数）都接待他们。（徒 15:4，也见 6、22 节，16:4）

---

① Alexander Strauch, *Biblical Eldership: An Urgent Call to Restore Biblical Church Leadership* (Littleton, CO: Lewis and Roth Publishers, 1995), 28. 中译本参考：《按照圣经作长老》，刘志雄译，天粮书室出版。

> 二人在各教会中选立了长老（原文复数），又禁食祷告，就把他们交托所信的主。（徒 14:23）
>
> 保罗从米利都打发人往以弗所去，请教会的长老（原文复数）来。（徒 20:17）
>
> 基督耶稣的仆人保罗和提摩太写信给凡住腓立比、在基督耶稣里的众圣徒和诸位监督、诸位执事。（腓 1:1）
>
> 我从前留你在克里特，是要你将那没有办完的事都办整齐了，又照我所吩咐你的，在各城设立长老（原文复数）。（多 1:5）
>
> 我这作长老、作基督受苦的见证、同享后来所要显现之荣耀的，劝你们中间与我同作长老（原文复数）的人。（彼前 5:1）
>
> 你们中间有病了的呢，他就该请教会的长老来，他们可以奉主的名用油抹他，为他祷告。（雅 5:14）

你有没有发现其中的规律？我们一次又一次地发现，圣经讲每个教会（单数）有多位长老（复数）。[2]每个教会都有自己的牧养团队。这是一个初步的观察，但当你把这付诸

---

[2] 同上，37。

实践时，事情就大不一样了。众长老对于可持续的牧养工作而言，意义重大。

分享重担

先讲显而易见的：有多位长老，这就分摊了牧养的工作负担。"人手多，工作轻省"，"团队分工合作，倍增成功"，还有其他一些格言都适用于长老的侍奉。

我们教会的一位成员曾经问我，她该怎样为我祷告。我分享了日益增长的事工重担。那时候，我们教会的成员不断增多，对教牧的需求也成倍增长。我带着多少有一点反问而不求回答的语气问她，"我该怎样有效地服侍人数不断增加的羊群呢？"

她并不认为我的问题是一个不求回答的反问句。我绝不会忘记她的回答。她笑了笑，耸耸肩，只是简单地说了一句："有更多的牧者。"

当然——有更多的牧者。我无法相信，自己之前竟然没有想到过这一点。

好吧，我想，如果连摩西都看不到这么明显的事情，我可能也会如此。他的岳父叶忒罗把他拉到一边，指出他需要更多的帮手。

> 第二天,摩西坐着审判百姓,百姓从早到晚都站在摩西的左右……摩西的岳父说:"你这作的不好。你和这些百姓必都疲惫,因为这事太重,你独自一人办理不了。"(出 18:13,17-18)

叶忒罗的解决办法是什么?他建议有同工分担工作。

> 并要从百姓中拣选有才能的人,就是敬畏神、诚实无妄、恨不义之财的人……叫他们随时审判百姓,大事都要呈到你这里,小事他们自己可以审判。这样,你就轻省些,他们也可以同当此任。(出 18:21-23)

正如增加断案的人能减轻摩西的重担,同样,有多位长老,就可以把事工重担分担开去。所以,如果你是一位长老,就要想方设法地让你和你的同事分摊工作。沟通教会中需要关注的热点,并协调你们的努力。如果你们被重担压得喘不过气来,不要只是继续扛着——是时候发射求救信号弹,呼吁弟兄们来帮忙了。

你可以如何更有目的地在你的监督团队中分摊责任呢?我已经提到,我们的长老如何努力地把教会成员分开,各自为其中的一部分负责，但你不必非得用同样的方式行事。要点是，要刻意地去分担工作。

瑞士军刀式的长老

分担牧养工作的好处，不只是劳动分工。有众位长老，这也能使一家教会可以享有长老当中不同的恩赐，让每一位长老都能按他的长处来做工。虽然所有长老都肩负着同样的责任，他们却带来了各种各样的才能和经验，并将它们配搭起来。

我记得自己还是小孩子的时候，拥有了我的第一把瑞士军刀。我不能准确地回忆起当时我有多大，但我仍能记住那画面，军刀外面那闪闪发亮的红色握把。夹在这个握把中间的，是那独树一帜的瑞士军刀工具。我还记得当我一件一件地折叠这些工具时的兴奋心情，我想象着当我迷失在荒野中时，如何利用它们来求生。在这些工具中有一把长刀、一把短刀、镊子、螺丝刀、剪刀，当然还有最重要的户外求生工具：一个开瓶器。

每年当我们欢迎新人加入长老团队时，我都有类似的感受。每一位弟兄都会给团队带来独特的恩赐，需要我们去发掘和使用。这就像打开一把人形的瑞士军刀，一次展现一种长老的恩赐。当然，所有的长老都同享一些恩赐，对于长老这个角色来说是最基本的，比如带领和教导。然而，即使是这些恩赐，在长处和表现方面，也各有不同。

在我们目前的长老团队中，马克是本地神学院的一位副教授，他使用他特别明显的话语方面的恩赐，以及深入的新约圣经研究专长，在教会内进行着强有力的教导事工。坎特一次又一次地使用他在金融方面的职业专长，带领我们制定预算。约翰对祷告有极大的热情，多年来他多次呼吁我们这支多少有点讲求实用的长老团队重新跪下来祷告。赫伯是一位有着非凡见识的人，在讨论当中他常会提出尖锐的问题，将我们带到问题的核心。

花时间去了解与你一同做长老的人。看清楚每一个人藏在他生命握把中的恩赐，并学习如何将它们汲引出来。你们一同做工时，你可能会因着其他长老解决问题或决定事情优先次序的方法不同而感到烦躁。但不要让自己因这些差异而烦恼，而是要看到，其他长老是神所设立的一套工具中的一部分，用以服侍你所在的教会。这是众长老机制的精妙所在。

牧养牧者

上一章提醒我们，长老也是耶稣羊群中的一份子，我们把这称为教会带领"既是牧者也是羊"的悖论。这个悖论引发出一个很有意思的问题：如果牧者同时也是羊，那么由谁来牧养牧者呢？像其他人一样，长老也需要教牧关怀。他们会在试探面前屈服，落在忧郁当中，卷入冲突，在教会事工中变得精疲力尽，或失去所爱的人。即使长老没有陷入一场危机，他们也需要不断成熟，就像任何其他教会成员一样。谁在属灵上监督他们呢？

再一次，众长老制提供了一种解决方案。牧者必须牧养牧者。对会众的督理是可持续的，因为众长老会作为彼此的牧师而互相牧养。

几年前，一位弟兄第一次加入我们的长老团队。我半开玩笑地对他的妻子说："你是否已经准备好接受试炼了？"

她问："是什么试炼？"

"就是你丈夫成为长老的时候，要临到你和他身上的试炼。准备好经受考验吧。"这是我的回答。

显然，现实更过于我所开的这个玩笑。他当长老服侍的时候丢了工作，持续失业超过了一年的时间。在这次"非自愿安息年"期间，其他长老坚持不断地为他祷告，把鼓励倾注在他的生命当中。靠着神的恩典和他们的支持，他度过了那一段时间，变得更加坚强和精炼。

如果你是一位长老，要冒点险，和其他人来真实地面对自己。不要害怕彰显出你受伤害的地方和惧怕，你的挣扎和你的罪。如果你假装成是一位超人，其他的长老就不能很好地牧养你。具体来说，请他们为你生命中的需要来祷告。正如我之前所提到的，我们的长老每个月会面两次，其中的一次全部用来祷告。在祷告会上，我们问可以为彼此代祷些什么。这小小的实际操练，帮助我们继续关注彼此是羊的那一面。

许多年前，在一次长老祷告会上，当我们问能为彼此祷告些什么的时候，其中的一位长老摘下了平时的面具。他坦诚地讲到生意和财政方面的危机，以及由此而来的面对绝望的挣扎。那是一个痛苦的时刻，但它打开了一扇门。其他几位长老迈进了这扇门，分享了他们在婚姻中的需要。那天晚上我们接下来的祷告时间完全不是例行公事。我们带着新的热切之心和怜悯为彼此代祷。

如果你想要有效地牧会，你自己就需要接受属灵的监督。所以，让自己谦卑下来，允许其他的长老来看顾你。

铁磨铁

我们一直在考虑，众长老制如何让牧养工作可以持续进行，对平信徒长老而言更是如此。用团队的方法能促进更好的牧养工作，因为它保护长老免于精疲力竭，分摊侍奉的重担，把互相配合的才能和恩赐汇集起来，并在长老经受试炼时给予他们支持。

但牧者还得面对另一类的危险：骄傲、操控、做事粗暴、拒人于千里之外，甚至滥用权柄。正如我们在上一章中所看到的，长老必须带领却不辖制。众长老制有助于防止我们有辖制的倾向，它能营造出一种环境，在这个环境中，长老能够践行这句有名的箴言："铁磨铁，磨出刃来，朋友相感，也是如此。"（箴27:17）

当长老践行一种健康的众长老体制时，一个人的观点或喜好就较难起到辖制的作用，因为众位长老可以彼此制约。面对脾气暴躁的长老，更为温柔的长老能起到舒缓作用。积极采取行动的人能推动喜欢做分析的人实际地做出决策。信心强大的长老能让每一个决定不至于变成又一次的保守理财和风险管理，而讲求实际的长老则可以帮助那些喜欢有梦想和异象的人，不让他们以"信靠神"为借口而做出荒唐的事。这种互相平衡创造出一种氛围，让自负之人难以忍受。

但更为重要的是，众长老构成了一种架构，当其中一位长老走偏路时，其他的长老可以彼此提醒。

我们的长老聚会偶尔会变得非常激烈（我知道大多数教会情况并不会如此，因此你可能需要发挥你的想象力）。我们教会的情况是，我们蒙神祝福有坚强的领袖，他们有很强的主见，当中的许多人担任长老的服侍。长老们开会，当具有挑战性的问题出现时，会议室的温度也可能会随之升高。

但当我一次又一次地看到，会后长老们把彼此拉到一边，我就深受感动。有时一个人向另一位道歉，因为他表达意见时太过强烈。他们可能会在那周稍后的时间里坐下，边喝咖啡边聊他们之间的分歧。还有些时候，一位弟兄会指出另一个人在会议期间的举止不当，并敦促他纠正、改变其方式。当较年长的长老控制了发言权，让年轻人不能发声时，较年轻的长老会温和地反应，纠正这些年长的长老。因着与他们同做监督之人温柔督促的缘故，长老会在教会会议期间站起来，为着他们在之前会议上回应语气的不当而向会众道歉。

有一位长老一直以来说话都很直率。一方面，有他做长老实在很好，因为他能带着热情清楚地阐述与大家对立的观点，帮助我们不至于落入小集体的思维模式。我越来越欣赏他的这一点，因为我会倾向于回避冲突。但另一方面，这种直言不讳也会带来摩擦。不过，他会在长老会议之后把我拉到一边，问他是否越界，或是否需要道歉。如果我说："是啊，你可能有一点点太过严厉了。"这位长老就会马上采取行动来进行纠正。在过去的这些年，我已见证他变得更加温柔、更有技巧和敏感，却没有失去他直言不讳的恩赐。

享受旅程

让我为众长老制做最后一次宣讲。作为团队，而不是像独行客一样牧养，这会给人带来更大的满足感，甚至更有趣。回顾自己15年多以来的教牧侍奉，我可以说，我侍奉中最大的喜乐之一，就是与我教会中的平信徒长老一道服侍。这些人对我而言，对彼此而言，都像兄弟连一般。我们分享欢笑和眼泪，我们一同庆祝得胜，一同祷告，解决那些看起来无法解决的难题。在我服侍期间一些最艰难的时刻，他们站在我身边支持我（有时真的就是站在我身边）。有许多次，我很好地带领了他们。有些时候，他们把我扶起，背着我度过难关，直到我能再次带领。

如果你所在的教会只有一位受薪牧师，没有其他的长老，我要恳求你使用自己所拥有的一切影响力，来推动你的教会改变，设立平信徒监督。这不仅是因为教会只有一个人做牧师的做法不合圣经的秩序，而且目前的这种结构也夺去了你的牧师至关重要的支持和极深的满足感。这也剥夺了其他教会成员更丰富的教牧关怀，以及因着看到他们当中不断涌现教会领袖而有的喜乐。你的教会中有许多弟兄正在错失成长的机会，而这种机会，只有当他们凭信心挺身而出，督理教会时才会出现。

你需要长老们。这是耶稣为可持续、有效牧养他的教会所制定的计划。

第七章
作成熟的表率

1996年1月1号早晨，我作为新上任的南岸浸信会临时助理牧师，在办公室里坐下。最能让我感受到人生有意义，最能给我带来工作安全感的，莫过于"临时助理牧师"这个衔头了。

在那一天早上，我真的非常高兴，我终于完成学业，有了一份真正的侍奉的工作。几个星期之前，我完成了最后一年的神学院课程，结束了两年半全时间的研究生课程。就在上神学院之前，我已经完成了四年圣经研究的本科学习。经过六年多不间断的学校学习，显然我已经拥有了成为一名牧师所需要的一切：两个神学学位，一系列不断扩充的圣经注释藏书，以及几篇我在上讲道学时就已经预备好可以随时使用的讲章。我还需要什么别的东西吗？

有一件"小"事是我所遗漏的：我需要有人向我演示如何实际地来牧养一个教会。

所以神把老雷带到了我的生活当中。

在这个教会呼召我之前的几周，他们已经聘请老雷担任临时牧师。老雷是一位很有智慧的新英格兰老牧师。在接下来一年半的时间内，他向我演示了如何牧养一个教会。我看着他在长老董事会的激流中航行。在他进行教牧辅导时，我坐在他的身边，也会与他一道去医院进行探访。他给了我在婚礼和葬礼上讲道的模板，直到今天我仍在使用。我看到了好的牧养在现实中是如何发挥作用的。有时我开玩笑说，如果我在教牧侍奉中有一些事情做得好，很可能这是因为我在模仿老雷，如果我做错了一些事情，则很可能是我即兴发挥的缘故。

老雷不仅教导我事工上的技巧，还以身作则，彰显出牧者的品格和心肠。他彰显出忍耐，以一种缓慢得足以让一家北方教会能够接受的速度带来了改变。他焕发出仁爱、谦卑和喜乐，就算事情不能如他所愿时也是如此。他信靠神，通过祷告解决一个接一个的难题。最重要的是，老雷爱会众，会众也知道这一点。最终，老雷不仅让我看到了如何做一名牧师，他也让全教会看到了什么是跟从耶稣。

效法我

我与老雷共事的经历，让我想起保罗对哥林多教会所说的话："你们该效法我，像我效法基督一样。"（林前

11:1）这句话你听起来奇怪吗？你是否曾经对另一位基督徒说过，要效法你，像你效法耶稣一样？这听起来就像是猜字谜游戏的自以为是教会版。想象你对自己所在的查经班，或与你一同是教会委员会成员的人说："我想让你们所有人都知道，我跟从耶稣跟得相当好，所以你们也应当效法我。"也许这句话只有保罗能说，毕竟他是一位使徒。他说"你们该效法我"这样的豪言壮语依然显得合宜。

但保罗更进一步。他不仅说"你们该效法我"，而且敦促腓立比教会关注那些效法他的人："弟兄们，你们要一同效法我，也当留意看那些照我们榜样行的人。"（腓3:17）你有没有注意到这一节经文后半部分的那个词？他说"我们"而不是"我"。《腓立比书》中的"我们"指的是保罗和提摩太（1:1）。因此这榜样模范的圈子扩展到了保罗以外，还包括提摩太，以及腓立比教会的基督徒，这些人在生活上效法保罗和提摩太。

保罗在给提摩太的信中，明确教导他年轻的学生，要做让人效法的榜样："不可叫人小看你年轻，总要在言语、行为、爱心、信心、清洁上，都作信徒的榜样。"（提前4:12）

事情会不会是这样：做让人效法的榜样，这并不只是专门留给神圣圣徒的工作？如果做榜样和供人效法，是奠定基督徒做主门徒正常旋律的两个彼此相连的节拍呢？我们真的需要在成熟中长进，这是否意味着在我们的教会中需要有更多的老雷和提摩太来树立榜样呢？

从神造我们之初就让我们去模仿这一点来看，事情是这样就不足为怪了。从婴孩期开始，我们就模仿身边的人来学习说话、行为和反应。每一位做父亲的都有这样惊异万分的时刻，就是听到自己的话从孩子的口中说出。母亲担忧他们进入青春期的儿女会选择哪些人交朋友，因为她们知道同伴榜样的影响力。即使到了成年，我们也会从彼此身上学会口音、措词、面部表情、幽默、品味、习惯和爱好。这就是为什么拥有幸福的婚姻生活五十年之久的夫妇，似乎会慢慢地融合而变得像一个人。

这种模范和模仿、榜样和效法的动态，也延伸到基督徒做主门徒的过程中。但基督徒的人生并不是从效法开始的，而是始于一个神迹。做主的门徒始于一个罪人听到福音，圣灵通过听道，超自然地改变这个人内在的品性。结果就是，这个罪人为她的罪悔改，相信耶稣死了，复活了，这一切都是为了拯救她。她已经被神的大能重生，她的第一声呼求就是"耶稣是主！"一个人必须重生才能进入神的国，没有人能效法这个人从不信到信的过程。

但现在，我们这为天堂而生、在属灵上是婴孩的人，必须成长,达到和基督一样的成熟。这如何发生呢?这涉及到几个因素,例如从神的话语中得到滋养。但她还需要别的东西。神的新生儿需要有一个家,在这家中她能以他人为榜样来学习如何与耶稣同行。她需要一个地方教会。

一个健康的地方教会提供了一个丰富的关系环境,在其中人们互相做榜样和互相效法。通过成为一个福音团契中的一份子,我们这位新基督徒能与其他新生的信徒互相交流心得,这些人也正在适应,要过罪得赦免、跟从耶稣的那种与众不同的奇妙生活。她能向年纪更大、跟从耶稣更久的兄弟姊妹学习,在这个过程中,他们靠着圣灵的能力胜过罪,并通过信靠神的恩典度过人生中的一些大风浪。她甚至可能找到一些敬虔、可以做她父母的人,例如使徒保罗,例如老雷这位临时牧师,这些人鼓舞她,使她发出如此的祷告:"主,帮助我成为像他那样的人。"我们不仅需要实在的教导和讲道,论述顺服的基督徒人生,我们也需要看到实际生活中的圣洁。我们通过效法成长,就像使徒效法耶稣,提摩太效法保罗,我效法老雷一样。

用生命牧养

这一切和长老有什么关系呢?本书应该是来论述长老

的工作内容。他们如何进入这里的关于做榜样和效法的讨论中呢？

很简单：神已经呼召长老做值得他人效法的人。

一个健康的地方教会通常会有许多人，许多的男男女女，我们可以向他们学习。但是当一个教会设立某个人做监督，教会就是在正式地说："他是正式、教会认可、成熟跟从耶稣的榜样。"他不是唯一的榜样，不是完美的榜样，也不一定是这个教会在每一种基督徒美德方面最好的榜样。但一位长老仍然是被恰当地设立的模范。教会确认某人担任长老，就是在说："你们该效法他，像他效法基督一样。"一个教会应当能把一位新生的信徒带到一位长老面前说："你想知道一个真正的基督徒应当是怎样的吗？那么就看他吧。"

换句话说，一位长老的工作涉及既通过**行动**，也通过**生命**来牧养。长老们不仅通过他们做什么，也通过他们的为人来牧养教会。没有生命，做的事情就会分崩离析。

让我们来回顾一下前几章列出的长老工作性质中的元素。请留意，只有长老完成了神对他生命的呼召，这份待办事项清单上的每一种元素才能得以成就。简而言之，像基督一样的品格，是教牧侍奉的必要条件。

我们在第二章中总结了长老的全部工作，就是牧养教会成员，让教会成员能更像基督般的成熟。长老是牧师，投入到教会成员的生命当中，为的是帮助他们一同成长，越来越有耶稣的样式。

但如果一位长老自己都不成熟，怎么可能牧养他人、使他们在敬虔方面长大成人呢？就如你不会聘请一位因糟糕的投资决策浪费了自己财富的理财专家，就如与一位身材走形的健身教练一同健身不会鼓舞你的信心。所以，一位不敬虔、自私的长老说"你们该效法我"，跟从他的人会寥寥无几。你在基督里带领他人进深的程度，只能达到你自己能进深的程度。

第三章列出了教导的任务。长老解释圣经真理，驳斥错谬教义。但如果这位教师的生命与他的教导有非常明显的矛盾，那将会怎样呢？除了那些被洗脑、什么都信的人，没有人会再听他说话。面对"按我说的做，而不是按我做的做"这种类型的教师，人们不会有太大的耐心。更糟糕的是，假冒为善教导神百姓的人要面对神的审判。难怪雅各警告说："我的弟兄们，不要多人作师傅，因为晓得我们要受更重的判断。"（雅3:1）

但是，当一位牧师把敬虔的生活与纯正的教导结合在一起，他就绝不会缺少一群忠心跟从他的人。当我想起老雷担任临时牧师时的教导侍奉，他有一篇讲道特别突出。在复活节那周,他根据《约翰福音》13章教导耶稣为门徒洗脚的事。我之所以记得那篇讲道,原因有两个:第一,这是一篇很棒的讲道。老雷清楚和动人地讲述了耶稣的仆人身份,不仅从洗脚这件事,还从他上十字架洗去人的罪这方面来讲。老雷呼吁我们的会众,在福音的光照下,用类似的谦卑来彼此服侍。

第二,也许更重要的是,我记得那篇讲道,是因为当我听到做仆人的教导时,我也在讲这篇道的人身上看到了谦卑、服侍和自我牺牲。老雷身为基督徒表里如一的行事为人,让我不得不聆听他讲的信息。

在第四章,我们考察了那些要求很高的长老责任,就是把走散的教会成员找回来。这是一项敏感的任务,因为走散离开教会的成员,通常是脆弱和受伤的。因此,他们常常很难信任其他人。当一位品格令人存疑的牧者去追赶时,这迷路的羊很可能会仓惶逃走。如果长老连为自己守望都不能,一只羊会认真看待这位牧者为他"警醒守望"的努力吗?

我们可以更进一步。如果一位牧师假冒为善的名声传到了教会以外,这就会拦阻其他人,甚至连在星期天到羊圈里来看一眼的想法都打消了。"监督也必须在教外有好名声,恐怕被人毁谤,落在魔鬼的网罗里。"(提前3:7)

在第五章,我们纠结于充满信心却满有温柔带领的张力。再一次，敬虔的品格是关键。正如彼得所说："务要牧养在你们中间神的群羊……也不是辖制所托付你们的，乃是作群羊的榜样。"（彼前5:2-3）做榜样，这是防止人专断独权的解决之道。当长老像耶稣一样去生活、去爱的时候，他们就不会是傲慢、辖制人的人。他们反而会具有耶稣所塑造的谦卑，这就给了他们一种道德方面的权柄，会众就会甘心乐意地遵从。如果长老希望他们能带领会众，就必须以身作则。

最后，我们在第六章中讨论了众长老制。监督不仅作为个人，而且作为一支团队树立了榜样。思想你的长老团队，它就像是微观的教会。牧者互动、解决问题、为合一努力，以及共同面对挑战的方式，应当成为活生生的一台戏，供全教会效法。一支长老团队应该能够集体说："你们该效法我们，像我们一起效法基督一样。"

我曾在教会教导过圣经所讲的长老职分的课程。作为课程内容的一部分，我们去"实地"观摩了一次现场的长老会议。之后，学员们一同讨论了他们的那次经历。他们谈到了长老彼此表现出来的爱、谦卑和仁慈，以及长老为教会成员祷告时表现出来的真诚与关注。有些同学对那次会议上的长老有不同的期望，以为他们会表现得更大有能力，像在公司一样，令人生畏。但他们却发现，在长老的互动中，有一些类似于耶稣的东西。对于我们的监督来说，那是一个美好的夜晚。

你能否看到，敬虔生命的血液是应当怎样通过长老的每一项事工而有节奏地流动？但如果一位长老因悖逆主，在正直方面有所妥协，他的侍奉就归于无有了。一位长老与耶稣同行，就像一条链子，他的工作内容就像珍珠，都串在了这条链子上。把这条链子切断，珍珠就会落到地上，散布四周。一位长老可能很有才华、富有经验，而且具有人格魅力，但如果他没有很好地反映出耶稣，他的不成熟最终会让自己的恩赐失去立足点。一位长老的**生命**，使他的**事工**令人信服、具有力量。这就说明了圣经为什么会像我们在第一章中所看到的那样，面面俱到地列出了长老的资格要求，并且这些资格要求首要是聚焦在堪称榜样的品格上。一位长老必须"无可指责"（提前3:2），他的全部侍奉都取决于此。

为你的生命守望

鉴于长老要做教会的榜样（这极其重要），我们在结束本章时，就不能不再讲另一个关乎长老工作性质的至关重要的本分：每一位长老都必须不断追求圣洁、爱和灵命的成熟。长老要像耶稣一样带领，就必须看起来越来越像耶稣。

保罗曾对提摩太说了这番话:"你要谨慎自己和自己的教训,要在这些事上恒心。因为这样行,又能救自己,又能救听你的人。"(提前4:16)这是让人吃惊的话,是一种令人震惊的责任。保罗是在说,牧师谨慎自己的生命和教训,以此在拯救自己以及他人灵魂方面发挥某种神所设定的作用。

讲到教导这部分,可能不会令我们如此震惊。人是通过听根据圣经教导的福音而得救,所以如果一位教会领袖保守他的教导免于错谬,这教导就可以成为神救恩的管道。

但牧者自己,他的生命,又如何呢?通过谨守他的生命,"在言语、行为、爱心、信心、清洁上,都作信徒的榜样"(12节),他就在自己的得救,以及他教会会众的得救方面发挥了某种作用。神的灵以某种方式,使用一位在生命方面谨守的监督,做成教会中其他人得救的工夫。因此,做榜样和效法并不是可有可无的事。对于我们地方教会灵命的一同长进而言,它们处于中心地位。

所以做长老的弟兄,最要紧的是为你的生命守望。如果你盼望能与保罗一道说:"你们该效法我,像我效法基督一样"(林前11:1),你就必须首先与他一道宣告:"我是攻克己身,叫身服我,恐怕我传福音给别人,自己反被弃绝了。"(林前9:27)

认识你的内心，以及那些可能让你失去资格的品性。要晓得你内心城墙上的低处，试探往往就在那里对你发动攻击。继续与罪抗争，无论在什么地方发现罪，都要靠着圣灵的能力治死罪（参见罗8:13），顺着圣灵而行（加5:16），让情欲的事枯萎，圣灵所结的果子可以成熟（19-23节）。让神的话语更新你的心意，使你能不断地穿上新人（参见弗4:22-24）。每天把自己的身体作为活祭献上（参见罗12:1-2）。

在福音方面进步

不要自以为是地认定，因为你是一位长老，就已经最终达到了完全。正好相反，成为一个教会的监督，这会给你注入一种新的紧迫感，使你更进一步效法耶稣。

你的会众不仅需要看到一位敬虔的长老，也要看到一位不断成长的长老。保罗告诉提摩太不仅要谨慎自己的生活，还要在众人面前有进步："这些事你要殷勤去作，并要在此专心，使众人看出你的长进来。"（提前4:15）这难道不是很有意思吗？你的会众需要看到进步，而不是完全。耶稣已经确保了你将得着完全。教会需要效法的，不仅是你在基督里长进的程度，同样重要的，还有你仍然在进步的这个事实。

换言之，教会需要看到福音仍然在改变你的生命。羊需要知道，你也经常为罪悔改。他们需要听到你大声祷告呼求耶稣复活的大能在你心中动工。他们需要知道，你每天读圣经祷告，不是因为你是教会设立的超级圣徒，而是因为你已经学会了，不每天吃吗哪，你就没有力量天天抵挡试探和服侍主。

在依靠福音进步方面做榜样，你就把教会成员指向了自己以外，让他们抬头注目耶稣，指向我们正在不断改变、越来越有他的形像的那一位。

第八章

为群羊代求

我们在前面的七章已经探索了圣经对长老工作的描述。作为对这工作说明性的总结，我们已经说过，牧养教会成员就是让他们有更深入地像基督般的成熟。但我们也可以说，**长老蒙神呼召**，要**像耶稣一样牧养地方教会**。

长老的工作遵循耶稣服侍门徒的许多事工模式。耶稣教导神的话语，长老继续教导这同样的话语；耶稣从天上来，寻找拯救失丧的人，长老类似，追寻走散的人，有时还需要个人付出代价；耶稣完全地体现了神的形像，长老努力效法耶稣，使自己做教会成员的榜样。长老像耶稣一样，通过教导、带领、找寻、服侍、做榜样来牧养教会。

但我们忘记了一件事。长老也必须效法耶稣"另一半"的事工。像耶稣一样牧养，也意味着像耶稣一样祷告：

> 但耶稣的名声越发传扬出去。有极多的人聚集来听道，也指望医治他们的病。耶稣却退到旷野去祷告。（路 5:15-16）

这段经文概括了耶稣直到受难前所做的工作。我们很熟悉这概述的前半部分，即他公开的侍奉，因为福音书用了大量的篇幅来对此加以描述。我们一次又一次看到耶稣在百姓当中教导、行神迹和服侍。

但这概述的另一半，描述耶稣如何常常退下祷告的那一部分，我们是否也熟悉呢？我们在这方面知道得并不太多，主要是因为福音书作者并没有非常详细地描述耶稣的祷告生活。但我们若留意，就能反复瞥见这较低调，然而却是耶稣事工中不可分割的层面。让我们来看看路加的描写：

- 耶稣在受洗时祷告，那时天开了，圣灵降下，天父说话（参见3:21–22）。
- 耶稣开始在迦百农一天忙碌的工作时，去到旷野的一个地方，当然是去祷告（参见4:42，又见5:16）。
- 耶稣拣选十二门徒之前，整夜在外面祷告（参见6:12）。
- 耶稣私下与门徒祷告（参见9:18），甚至把彼得、雅各和约翰带到一座山上祷告，那时候他们看见他改变了形像（参见9:28）。
- 耶稣祷告的榜样促使门徒请他教导他们祷告（参见11:1），因此他教导他们主祷文。

- 他讲了坚持不懈的寡妇的比喻，为的是鼓励他们"常常祷告，不可灰心"（参见18:1）。
- 就在耶稣被钉十字架前几小时，他在客西马尼园中向父恳求，胜过了试探（参见22:39-44）。
- 在路加写的续作《使徒行传》中，使徒在耶稣离开之后"同心合意地恒切祷告"（参见1:14）。
- 随着教会诞生，人数增长，使徒发现看顾会众的实际需要挤占了祷告的时间，所以他们提议设立七个人来解决教会日益增长的治理需要（参见6:1-3）。使徒如何使用那些重新获得的时间和精力呢？他们说："但我们要专心以祈祷传道为事。"（6:4）

使徒延续了耶稣的模式，就是传道和祷告这双管齐下的事工。

你是否觉得奇怪，使徒，甚至连主耶稣也把极多的精力刻意专注在如此多的祷告上？你是否像耶稣和他的使徒那样，让与天父交谈成为你生活和侍奉的标志？

靠祷告存活

不仅耶稣个人与父相交的榜样，而且牧养工作本身高要求的性质，都应成为推动我们操练祷告的动力。无论从哪方面入手，教牧侍奉都会促使你跪下祷告。

我希望在这一点上，你对督理一间教会的前景会有一种健康的恐惧感。这工作可能是令人极度疲倦的。教导、做导师培训、直面挑战人、寻找走散的人、带领人前进，这些都会消耗大量的时间，可能会让你心灵疲累。不管一个人做了多少牧养的工作，他总有更多的事工可以做。一位长老总是可以多打一个电话，多对一个人进行门徒培训，或多邀请一个人来吃饭。一位牧者如何来定义**完工**这个词呢？

难怪长老很容易就退后进入到董事会的模式。围坐在一张桌子旁，花几个小时时间讨论一些政策，然后投票表决，这要容易得多。"完工."就是会议结束的时候。但是当你进入对人的教牧侍奉，不管你是受薪职员还是平信徒监督，你都要来面对自己时间、精力、知识和恩赐的局限。让人有盼望的是，这种直接面对会驱使你呼求神的帮助。对长老而言，祷告不仅仅是一种本分，而且还是一种至关重要的生存策略。

但是，不仅工作的范围，而且工作的目标也应推动长老祷告。正如我们在第二章中看到的，长老的目标就是让教会成员在基督里成熟，但他们却没有能力让任何人在灵命方面取得进步。监督能够教导圣经，但他们不能让人发自内心地顺服圣经。一位长老能劝勉发生争斗的教会成员和好，但他不能使任何一方饶恕对方。神赋予了长老一个只有神自己才能成就的目标。正如保罗提醒崇拜牧者的哥林多教会："我栽种了，亚波罗浇灌了，惟有神叫他生长。可见栽种的算不得什么，浇灌的也算不得什么，只在那叫他生长的神。"（林前3:6）

我们在属灵上的无能，应当驱使我们呼求神的大能，求他让我们的会众成长。我们就像以利亚一样，可以修复祭坛、预备祭物，但必须由神来将圣灵的火焰降在人的心里和生命当中（参见王上18:30–39）。

如果长老那高要求的工作内容，以及在人来说不可能做到的成功标准，还不足以让他向上主恳求帮助，那么，只要朝着镜子看自己一眼，就应当能做到这一点。任何有一丝自我认识的长老都知道，他犯罪的倾向会破坏自己的事工。他打开圣经，看到自己内心的光景反映在亚伯拉罕的欺骗、大卫的淫念、以利亚的绝望、希西家的骄傲、彼得的背叛当中。如果这还不够糟糕，他会读到有一只狮子正在四处游荡，渴望捕食羔羊（参见彼前5:8）。当一位长老意识到，他自己也是一只口渴、受伤、走偏路、遭捕猎的羊时，他就会发出羊一样的呼声，向那位好牧人寻求帮助。

是的，耶稣的榜样促使我们这些长老祷告，但教牧事工的要求和我们自己的不足,也应当把我们推到耶稣的面前,求他做成那不可能的事。监督祷告,不仅是为了像耶稣一样牧养;我们祷告,是因为我们需要耶稣通过我们、对我们做成牧养的工作。一位长老的事工是依靠祷告存活的。

操练祷告

沉浸在祷告中的长老侍奉到底是什么样子的呢?受到耶稣的鼓舞,因着他们的责任而感到绝望的长老,要如何提高祷告的音量呢?

试着不要把祷告看作是一项额外的活动,要努力塞进你那已经超负荷的日程安排中。要把祷告看作是操作系统,所有长老的应用都要在这个系统中运行。正如保罗所说:"不住地祷告。"(帖前5:17)最好的祷告,就是随口流露出倚靠神的稳定状态。就像品格一样,祷告应当通过长老所做的一切事情而流露出来。祷告应当是一种惯常的灵里呼吸,把圣灵的生命带进我们的生命和工作当中。

以下有四种可能的方法,可以将祷告与你做长老的工作交织在一起。

公开祷告

努力将任何公开带领的时刻变成祷告的理由。在祷告方面要做一个"机会主义者"。无论你是在主持圣餐，教导主日学，在事工培训上发言，还是主持教会会议，都要利用你在那一刻的权柄，代表与你一同聚集的这群人祷告。当你与其他教会成员在一起集体解决问题时，要做说这种话的人："也许我们该停下来，向神寻求帮助。"如果你问教会中任何聚会的人，你是否能祷告，**根本就**没有人会反对。

除了祷告自身的价值外，将祷告与公开聚会结合在一起，这也给了你机会，通过以身作则来教导会众如何祷告。所以，当你代表聚集在一起的教会成员祷告时，要努力演示什么是发自内心、平衡的祷告。确保不仅为会众个人的需要祷告，也为其他教会祷告，为你所在地区植堂建立新教会祷告。不仅为你所在的国家即将举行的选举祷告，也要为着福音在全世界的传扬工作祷告。为日用的饮食祷告，但不要忘记祈求神的国降临，他的旨意成就。试着像圣经大多数祷告的开头那样开始你的祷告，就是尊崇神的品格和作为："愿人都尊你的名为圣！"（太6:9）靠着神的恩典，会众会效法你的祷告，就如你效法圣经的模式。

你公开祷告时，不仅做如何祷告的榜样，也体现出一种依靠的态度。如果属灵的领袖说："我们需要神的帮助。"

他就是在对跟从的人发出一个强有力的信息。倚靠神的公开祷告，是带领却不辖制的另一种方式。

我上神学院的时候，师从一位名叫克莱恩（Meredith Kline）的教授。我上他的课的时候，他已经快要退休了。克莱恩博士因着他在圣经神学方面的学术研究而受人尊崇。他对理解和解释圣经的整体故事是如何结合在一起的充满了热情。但不仅是他综合的神学框架（这框架帮助我将圣经作为整体来加以阅读，给我带来了极大的冲击），克莱恩博士还通过他的祷告深深地影响了我。

他每节课都以祷告开始。他的声音干涩、刺耳、多少有点单调，不太适合做公开的祷告。而他却做**长长的**祷告。克莱恩博士经常祷告十分钟或更长的时间。但他与神的交谈却令人着迷。他祷告时，仿佛把他对圣经和神学的浩瀚知识转化成了对神的敬拜和敬畏。我看到一位卓越的智者在神的伟大面前谦卑自己，享受神在耶稣里救赎工作的长阔高深。一门课接一门课，这位矮小的老人感动了我的内心，使我渴望能像他一样认识神，与神交谈。他使用公众平台，抓住这机会公开祷告，大大地影响了学生的生命。

极少有长老或牧师在学术方面有克莱恩博士一样的深度，但所有教会监督都有公开的机会，可以顺理成章地加以使用，去做发自内心、合乎圣经的祷告。这并不要求你拥有博士学位。

长老的祷告

让祷告成为你长老会议重要的组成部分。是时候做出改变了，不仅仅只是要求某人在聚会的"开始"或"结束"时才祷告。每次你们聚会的时候，留出时间来进行更长时间的集体祷告。实际上，要把祷告作为会议日程安排的第一项内容。

此外，在会议期间，你也可以不受拘束地随时即兴祷告。我很欣赏鲍勃在我们的长老会议上经常这样祷告。有时我们要讨论一些让人心情沉重的话题，例如涉及一位教会成员让人心碎的光景，或者在没有黑白分明选择的情况下必须做出一个困难的决定。鲍勃经常举手说："我们能稍停下来为这件事情祷告吗？"做困难的决定，是我前面提到的长老的应用之一，但依靠神的祷告是操作系统。

改变你的长老会议以及与你同做长老之人一个简单的方法，就是有计划地按照你教会的教会成员名录一起祷告。你们这样做的时候，不仅教会成员会得着他人为他们代求所固有的祝福，你和其他长老也会把注意力重新关注在教会成员的身上，而不是聚焦于教会的机制。长老们甚至可能会发现，为教会成员祷告，要比辩论该花多少钱来买一套新的暖气系统，或是否允许镇上的园艺俱乐部使用教会场地举办活动更能给长老带来满足感。

我所在教会的长老就是这样努力来做到这一切的。我将在长老开会时安排祷告作为一种可能的方法，但这肯定不是唯一、甚至可能不是最好的方法。我们的长老通常每月开两次会，我们在第一个星期二是"祷告"会，在第三个星期二开"事务性"会议。我们也努力在事务性会议上祷告，只是祷告的内容没有那么宽泛。

在祷告会上，我们分享在教会里已知的需要，包括我们这些长老自己的需要，然后我们把余下的时间用来为这些祷告事项祷告，并且按照教会成员名单的大部分来祷告。长老的祷告会很有可能是我们最喜欢的教会活动之一。

最后一个想法：可以考虑呼吁与你同做长老的人，在特别的时候祷告，甚至禁食。当我们的长老面对教会生活中的困难时刻时，我们有时会把一周分别出来进行禁食祷告。将禁食的日子分配给不同的长老，这样整周都会有禁食祷告。我们需要更经常这样做。

个人祷告

我所说的"个人"祷告，并不是指你自己祷告（我们会在下面"私下祷告"的部分讨论这一点）。我指的是与教会成员面对面的祷告。

同样，这种祷告也不是加在长老待办事项清单上的另一项活动，而是应当成为你固定牧养工作中的一部分。每次你与一位教会成员谈话时，要努力为他/她祷告，就在当时当地一起祷告。无论你是与某人见面喝咖啡，还是在你家里吃完晚饭后聊天，把你们所讨论过的事情集中在一起，交托给神。甚至在星期日聚会后，你站在忙碌的教会通道上，一位成员分享了他所担心的事，所面对的试炼，试着就在那里停下来问："我现在能为这件事祷告吗？"从来没有人拒绝过我。

还有，要想方设法让你的长老团队实践《雅各书》的5章14至15节：

> 你们中间有病了的呢，他就该请教会的长老来，他们可以奉主的名用油抹他，为他祷告。出于信心的祈祷要救那病人，主必叫他起来；他若犯了罪，也必蒙赦免。

这两节经文引出了许多很有意思的问题，比如说，"是不是要使用油？""病和罪之间有什么关系？""长老为病人祷告，这与赦免有什么关系？"我在这里的目的，并不是要详细地解释这段经文，而是要很简单地问："你和与你同做长老的人，有没有像雅各说的那样为病人祷告？"

我们的长老已经采取了这种做法，并且很多人说，这是他们长老事工的一大亮点。我们看到了神的作为。有时，神让有病的教会成员在一定时间内得着某种程度的缓解。在一些情形里，神看来已经赐下了神迹般的医治，这种医治让肿瘤科医生百思不得其解。在其他时候，我不能确定神是否已经对人的身体进行了任何医治，但生病的教会成员已经在灵里得到了坚固，能够继续前进。

就在我写这本书的时候，我的父亲正在与癌症抗争。他和我的母亲都是教会的成员，他们请长老祷告，长老就来为他祷告。我们还不知道神会如何回应这求医治的祷告。但我要说，十几个敬虔的人在我父母的客厅里，为着我爸爸妈妈向神倾心吐意地祷告，这经历对我父母，对这些人来说，都是意义重大的时刻。

私下祷告

最后，绝不可少的是，你要留出时间来私下祷告，与神相交。我希望在这一点上，你作为一位长老，对私下祷告的迫切需要是显而易见的。如果你自己不与主紧密同行，你就会偏离道路，可能会带着羊与你一同偏离正路。

要有意识地将私下祷告融入到你的生活当中。每天将一些时间分别出来祷告，在某个地方，以某种方式祷告。在你上下班的时候，在你遛狗的时候，或在你出去办事的时候祷告。随身携带一份教会成员名单，在空暇的时候在神的面前记念每一个人。

私下的祷告和通过耶稣的话与他相交，这可能是牧师们最容易忽视的习惯。然而，具有讽刺意味的是，对于我们的生活和事工的灵命活力而言，这些很有可能是最具决定性的做法。如果在耶稣手下做牧者的人献身于祷告，就像他们献身于制定财务预算、写电子邮件和制订政策一样，我们地方教会的羊群将会发生怎样的改变呢？

参加祷告会

我们在本章开始时，思想了耶稣的祷告。祷告渗透、推动他的公开侍奉。长老应当以耶稣（以及众使徒）为榜样，并渴望效法他。

但我们还要记住耶稣祷告事工的另一方面：耶稣现在仍然在祷告。

耶稣活着，坐在父的右边，作为我们的大祭司，为他的百姓代求（参见罗8:34；来7:25）。我们的中保耶稣向父说话，为我们辩护（参见约壹2:1）。就在耶稣上十字架前的几个小时，他向父祷告，求父保护门徒不至于像犹大一样失落（参见约17:11-15）。耶稣代表我们与父交谈，他的百姓靠着神的恩典继续得蒙保守。

因此，当长老为他们的教会祷告时，他们不仅是在效法耶稣，也是与耶稣一同做工。在他手下的牧者与那位牧长自己一道发声，求父保护羊群，带领他们安全地回到家中。

结束语

牧养工作存到永远的重大意义

在一个地方教会做长老侍奉，这是一份极大的特权和责任，因它具有存到永远的重大意义。这项任务看起来令人生畏，有时甚至让人觉得无法完成。但却值得你全然投入，因为你做管家所管理的，不是别的，正是神用血买来的百姓，你在做的，是为了他们永恒的福祉和神直到永远的荣耀。

因此，鉴于牧养工作这存到永远的重要意义，最后我请你们这些与我同做长老，以及将来可能做长老的人思想两个问题。一个是警告，另一个是应许。

首先，警告：**要好好牧养，因为你要为此交账**。要记得我们在《希伯来书》查考过的经文：

> 你们要依从那些引导你们的，且要顺服，因他们为你们的灵魂时刻警醒，好像那将来交账的人。你们要使他们交的时候有快乐，不至忧愁，若忧愁就与你们无益了。（来 13:17）

这节经文主要是告诫教会成员的，但其中也穿插着对监督的警告。长老要时刻警醒，"好像那将来交账的人。"教会是属于耶稣的，他买赎了羊。长老只不过是负责看顾那些"托付"给他们的人（彼前5:3）。牧师要为着如何看顾主人的羊群向他交账。我们要为着如何对待新郎的新妇而向他交账。难道我们只是单单地教导他的真理、他全备的真理吗？我们像他爱他的羊一样爱他们吗？我们是滥用权柄还是谦卑？我们是把弟兄姊妹指向耶稣，还是在他们努力跟从耶稣的时候，我们的行事为人成了他们的绊脚石？

但也有一个直到永远的应许：**好好牧养，因为你要得到冠冕**。彼得劝勉与他同做长老的人要谦卑、做榜样牧养之后，他表明了这个应许："到了牧长显现的时候，你们必得那永不衰残的荣耀冠冕。"（彼前5:4）

我们每周有太多的工作、太多的担忧其实都是毫无意义的。《传道书》提醒我们，我们的劳苦和成就都是虚空。我们积聚建造，只是把这些留给了其他人。但对富有成效的牧养工作的赏赐却绝不会被人夺去。你每周所做的事，除了牧养之外，还有什么别的，是神所应许要给你的不衰残的冠冕吗？

弟兄们，在你思想是否要成为一位长老，并且计算代价的时候，请记住要把那为忠心良善仆人存留直到永远的荣耀计算在内。

> 睡在尘埃中的，必有多人复醒。其中有得永生的，有受羞辱、永远被憎恶的。智慧人必发光，如同天上的光；那使多人归义的，必发光如星，直到永永远远。（但 12:2-3）

经文索引

创世记
1:28　　　21
31:38–40　61

出埃及记
18:13　　　94
18:13–27　40
18:17–18　94
18:21–23　94

利未记
10:10–11　47

申命记
4:1　　　47
4:9　　　47
6:4–25　47
17:18–20　47

撒母耳记上
10:21–22　78
18:9–11　79

列王纪上
18:30–39　121

历代志下
15:3　　　47
17:7–9　47

诗篇
23　　　33

箴言
27:17　　99

以赛亚书
9:1–7　　4

以西结书
34:2　　　61
34:4　　　61
34:6　　　61
34:11–12　61
34:20–24　4

但以理书

12:2-3	133

马太福音

5:9	70
5:17	47
6:9	123
18:15-17	63, 66
18:18	63
20:25	81
20:25-28	81
28:18-20	1, 63
28:19-20	42, 48

马可福音

6:34	47
10:42	81

路加福音

3:21-22	118
4:42	118
5:15-16	117
5:16	118
6:12	118
9:18	118
9:28	118
11:1	118
15:1-7	62
18:1	119
22:39-44	119
24:25-27	47
24:44-47	47

约翰福音

1:1	47
1:14	47
10:14-16	62
13	110
13:14-16	81
17:11-15	130
21:15	30, 88
21:16	30

使徒行传

1:14	119
6	84
6:1-3	119
6:1-7	40, 84
6:4	119
14:23	48, 92
15:4	91
15:6	91
15:22	91
16:4	91
19:16	81
20:17	7, 92

20:28	7, 29
20:29–31	52

罗马书

8:13	114
8:34	130
12:1–2	114

哥林多前书

3:6	121
7:7	20
7:25–28	20
9:27	113
11:1	104, 113

加拉太书

5:16	114
5:19–23	114
5:23	15

以弗所书

4:7–13	4
4:11	46
4:11–13	39
4:13	1
4:14	52
4:14–15	39
4:15	1

4:22–24	114
5:22–6:4	23
6:4	21, 47

腓立比书

1:1	92, 105
3:17	105
4:2	70
4:3	70

歌罗西书

1:28	39

帖撒罗尼迦前书

5:12–13	76
5:17	122

提摩太前书

2:12	23
3	46
3:1	11
3:1–7	25
3:2	14, 17, 19, 22, 34, 46, 112
3:2–3	13
3:3	15, 83
3:4–5	21
3:5	76

3:6	24	10:24-25	67
3:7	15, 110	13:17	62, 64, 77, 79, 131
4:12	105, 113		
4:13-15	50	**雅各书**	
4:15	114	3:1	109
4:16	113	5:14	92
5:9	19	5:14-15	127
5:17	76		
5:17-18	84	**彼得前书**	
5:19-20	85	4:10	1
5:21	85	5:1	92
5:22	83	5:1-4	4, 30
6:10	17	5:1-5	7
		5:2	11, 16, 80
提摩太后书		5:2-3	111
2:2	57	5:3	80, 81, 132
		5:4	132
提多书		5:8	121
1:5	64, 92		
1:5-7	7	**彼得后书**	
1:6	19	2	55
1:7	15, 83		
1:7-8	13	**约翰一书**	
1:8	14, 22, 34	1:8	66
1:9	18, 51, 55	2:1	130
希伯来书		**约翰二书**	
7:25	130	7-11	55

犹大书

5–11	55
20–21	1

启示录

2:14–16	55
2:20–23	55

IX 9Marks

我们的使命：

九标志事工存在的目的是用圣经视野和实用资源装备教会领袖，进而通过健康的教会向世界彰显神的荣耀。

为此，我们希望帮助教会在常常被忽略的，却是健康教会当有的九个标志上成长：

I. 解经式讲道
II. 基于圣经的神学
III. 基于圣经的福音信息
IV. 基于圣经理解悔改归主
V. 基于圣经理解福音布道
VI. 基于圣经理解教会成员制度
VII. 基于圣经理解教会纪律
VIII. 基于圣经理解门徒训练
IX. 基于圣经理解教会带领

在九标志事工网站，我们会发表文章、书籍、书评和电子期刊。我们同时也举办大会、访谈教会领袖并提供其他资源来装备教会以彰显神的荣耀。

您可以访问我们的中文网站（https://cn.9marks.org/），也可以扫描右侧二维码订阅我们的微信公众号来获取更多的资源。

九标志已经翻译出版的"建造健康教会"系列书籍有：

《教会成员制》（Church Membership），约拿单·李曼（Jonathan Leeman）著，2014。

《解经式讲道》（Expositional Preaching），大卫·赫尔姆（David Helm）著，2015。

《教会纪律》（Church Discipline），约拿单·李曼（Jonathan Leeman）著，2015。

《长老职分》（Church Elders），杰拉米·莱尼（Jeramie Rinne）著，2015。

《门徒训练》（Discipling），狄马可（Mark Dever）著，2017。

《福音布道》（Evangelism），史麦克（J. Mack Stiles）著，2018。

《福音》（The Gospel），雷·奥特伦（Ray Ortlund）著，2019。

《纯正教义》（Sound Doctrine），鲍比·杰米森（Bobby Jamieson）著，2019。

《祷告》（Prayer），约翰·翁武切库（John Onwuchekwa）著，2020。

《宣教》（Missions），安迪·约翰逊（Andy Johnson）著，2020。

《圣经神学》（Biblical Theology），尼克·罗克（Nick Roark）与罗伯特·克莱恩（Robert Cline）合著，2020。

《归信》（Conversion），迈克尔·劳伦斯（Michael Lawrence）著，2020。

九标志已经翻译出版的其他九标志书籍有：

《健康的教会成员》（What Is a Healthy Church Member?），安泰博（Thabiti M. Anyabwile）著，2014。

《健康教会的九个标志·学习手册》（Nine Marks of a Healthy Church Booklet），狄马可（Mark Dever）著，2014。

《神荣耀的彰显：会众制教会治理》（A Display of God's Glory: Basics of Church Structure），狄马可（Mark Dever）著，2014。

《福音真义》（What Is the Gospel?），纪格睿（Greg Gilbert）著，2015。

《凭谁权柄：浸信会中的长老》（By Whose Authority? Elders in Baptist Life），狄马可（Mark Dever）著，2015。

《何谓健康教会》（What Is a Healthy Church?），狄马可（Mark Dever）著，2015。

《耶稣是谁》（Who Is Jesus?），纪格睿（Greg Gilbert）著，2016。

《福音信息与个人布道》（The Gospel and Personal Evangelism），狄马可（Mark Dever）著，2016。

《我真是基督徒吗？》（Am I Really a Christian?），迈克·麦金利（Mike McKinley）著，2016。

《教会》（The Church），狄马可（Mark Dever）著，2017。

《教会生活中的长老》（Elders in the Life of the Church），费尔·牛顿（Phil. A. Newton）与马太·舒马克（Matt Schmucker）合著，2017。

《迷人的共同体》(*The Compelling Community*)，狄马可（Mark Dever）与邓洁明（Jamie Dunlop）合著，2018。

《牧师的辅导事工》(*The Pastor and Counseling*)，杰里米·皮埃尔（Jeremy Pierre）与迪帕克·瑞吉（Deepak Reju）合著，2018。

《寻找忠心的长老和执事》(*Finding Faithful Elders and Deacons*)，安泰博（Thabiti M. Anyabwile）著，2018。

《为何相信圣经》(*Why Trust the Bible?*)，纪格睿（Greg Gilbert）著，2018。

《以圣道为中心的教会》(*Word-Centered Church*)，约拿单·李曼（Jonathan Leeman）著，2019。

《什么是教会的使命？》(*What Is the Mission of the Church?*)，凯文·德扬（Kevin DeYoung）与纪格睿（Greg Gilbert）合著，2019。

《艰难之地的教会》(*Church in Hard Places*)，麦茨·麦可尼（MezMcConnell）与迈克·麦金利（Mike McKinley）合著，2019。

九标志已经翻译的合作伙伴书籍有：

《竖起你的耳朵来：实用听道指南》(*Listen Up! A Practical Guide to Listening to Sermons*)，克里斯托弗·艾许（Christopher Ash）著，2015。

《以基督为中心的婚礼》(*A Christ-Centered Wedding: Rejoicing in the Gospel on Your Big Day*)，凯瑟琳·帕克斯

（Catherine Parks）与琳达·斯特罗德（Linda Strode）合著，2016。

《家庭敬拜》（*Family Worship*），唐·惠特尼（Donald S. Whitney）著，2018。

其他机构出版的九标志中文书籍有：

《健康教会九标志》（*Nine Marks of a Healthy Church*），狄马可（Mark Dever）著，美国麦种传道会，2009。

《深思熟虑的教会》（*The Deliberate Church*），狄马可（Mark Dever）与亚保罗（Paul Alexander）合著，美国麦种传道会，2011。

《圣经神学与教会生活》（*Biblical Theology in the Life of the Church*），迈克·劳伦斯（Michael Lawrence）著，中华三一出版有限公司，2018。

Milton Keynes UK
Ingram Content Group UK Ltd.
UKHW020052091124
2701UKWH00084B/371